DRAGOSTE, IDENTITATE ȘI SCOP

Cum să ne găsim scopul în identitatea noastră de copii ai lui Dumnezeu

Terry Moore

Traducere: Aurora Rasbici

Alfa Omega Publishing
2023, Timișoara

Publicată în original în limba engleză sub titlul:
Love, Identity, and Purpose

Legacy Press
LegacyPress.org
Copyright © 2021
Terry Moore
4041 Marsh Lane, Carrollton, TX 75007, www.jterrymoore.org

Tradusă în limba română şi publicată cu autorizare.
Dacă nu există alte precizări, citatele biblice sunt luate din traducerea
Dumitru Cornilescu a Bibliei.

Traducere: Aurora Rasbici
Corectură: Daniela Groza, Tudor Peţan
Tehnoredactare: David Stoica
Prelucrare grafică: David Stoica

Descrierea CIP a Bibliotecii Naţionale a României
MOORE, TERRY
Dragoste, identitate şi scop : cum să ne găsim scopul în identitatea
noastră de copii ai lui Dumnezeu / Terry Moore ; trad.: Aurora Rasbici. -
Timişoara : Alfa Omega Publishing, 2023
    ISBN 978-606-045-362-8

I. Rasbici, Aurora (trad.)

2

Versiunea în limba română: *Dragoste, identitate şi scop*
Copyright © 2023 Alfa Omega Publishing

Editura: Alfa Omega Publishing
C.P. 1141, O.P. 8
300890 - Timişoara, România
Tel/Fax: + (40) 256-284.912

E-mail: info@alfaomega.tv
Comenzi online: www.alfaomega.tv/librarie

ISBN 978-606-045-362-8

DRAGOSTE, IDENTITATE ȘI SCOP

Cum să ne găsim scopul în identitatea noastră de copii ai lui Dumnezeu

Terry Moore

CUPRINS

MULȚUMIRI

Cartea pe care eşti pe cale să o citeşti vine ca o revelaţie a dragostei lui Dumnezeu care m-a impresionat atât de mult, încât mi-am petrecut mai mult de jumătate din viaţă povestindu-le oamenilor despre ea. Faptul de a fi înfiinţat o biserică şi de a sluji ca pastor a fost una dintre cele mai provocatoare şi mai pline de satisfacţii experienţe din viaţa mea.

Sunt mai mulţi oameni care mi-au influenţat viaţa, dar vreau să îi onorez pe mama şi pe tatăl ca reprezentând locul de unde a început dragostea mea pentru Dumnezeu. Tatăl meu, Tom Moore, a urmat cursurile Universităţii Texas Tech, iar după absolvire a acceptat un post de profesor la Liceul Frisco. El a cunoscut-o pe Lorene Kennedy pe când mergea la biserică, iar un an şi ceva mai târziu s-au căsătorit. Înainte ca relaţia lor să înceapă, ei deja aveau o inimă pentru Domnul. În cele din urmă s-au mutat în Corsicana, Texas, unde ne-am născut eu şi fratele meu mai mare, Bob.

Crescând la o mică fermă din afara oraşului, am avut parte de o viaţă mult mai simplă decât cea pe care o trăiesc majoritatea oamenilor din ziua de azi. Mă duceam în vizită la bunica şi la mătuşa mea, care locuiau mai jos pe aceeaşi stradă. Deşi tata muncea din greu la fermă, el şi mama se asigurau întotdeauna că mergem la biserică. Nu-mi amintesc niciun moment în care să nu fi mers cu toată familia. De fapt, o dată, în liceu, l-am anunţat pe tata că nu vreau să merg la biserică. Răspunsul lui a fost: „Bine, ia-ţi haina.” Am crezut că nu m-a auzit, aşa că am repetat. El şi-a clarificat rapid declarația: „Fiule, în această casă, noi mergem la biserică." Râd acum de ironia acelei conversații, pentru că, de atunci înainte mi-am petrecut viața în biserică, împărtășind vestea dragostei lui Dumnezeu pentru oameni și dorința Sa de a umbla în victoria pentru care Isus a plătit un preț la Cruce.

Mama stătea în fiecare zi la masa din bucătăria noastră mică, cu Biblia deschisă la lecția pentru acea zi din cadrul Școlii Duminicale. Ea studia cu credincioșie Cuvântul lui Dumnezeu și oricine o cunoștea, putea vedea roadele din viața ei. Astăzi, stau în biroul meu de acasă și citesc Cuvântul lui Dumnezeu și îi studiez adevărurile, așa cum am văzut-o pe ea că îmi dădea exemplu.

Datorită vieții pe care ei au dus-o zilnic în casa noastră, am ajuns să-L cunosc pe Isus ca Domn și Mântuitor personal. Aveam nouă ani, când am făcut declarația publică de credință, datorită exemplului lor. Sunt veșnic recunoscător pentru moștenirea bogată pe care mi-au lăsat-o, astfel încât să pot împărtăși cu tine adevărul despre cât de mult vă iubește Dumnezeu, despre identitatea ta în El și despre scopul Său pentru viața ta.

Mă rog să te simți încurajat pe măsură ce citești această carte.

INTRODUCERE

De-a lungul secolelor, omul s-a luptat întotdeauna cu întrebarea referitoare la „sensul vieții". În vederea acestui aspect, el poate avea întrebări cu privire la esența vieții, la scopul vieții, dacă ceva contează și în ce fel o face sau despre o sumedenie de alte lucruri. Cu toate acestea, în esență se întreabă:

† Cine sunt?

† De ce exist?

† Sunt vrednic să fiu iubit?

Vestea bună este că Dumnezeu ne răspunde fiecăruia dintre noi și întregii omeniri la aceste întrebări în Cuvântul Său. Cartea Genezei, scrisă de Moise, este prima carte a Bibliei. Aici vedem povestea creației și a începutului omului, precum și răspunsurile la aceste întrebări.

Ea ne spune în mod frumos și poetic că am fost și suntem creați după chipul Creatorului nostru - Dumnezeu, care este dragostea desăvârșită. Vedem, de-a lungul paginilor Sfintei Biblii, că suntem fiii și fiicele Sale, suntem moștenitori împreună cu Isus și suntem meniți să aducem Împărăția lui Dumnezeu pe tărâmul pământesc. Pe măsură ce învățăm cine suntem în El și ne identificăm cu scopul stabilit de Dumnezeu pentru noi și cu cine spune El că suntem, ne vedem chemarea de a fi oameni care schimbă lumea și care Îi extind Împărăția în sfera lor de influență.

Planul lui Dumnezeu de la începutul timpului a fost să fie în comuniune și relație veșnică cu noi. Cu toate acestea, păcatul a ruinat pacea perfectă dintre Dumnezeu și omenire și, în loc să se bucure de binecuvântările intenționate de Dumnezeu, omenirea a fost împovărată de blestem. Dar Dumnezeu Și-a stabilit planul de răscumpărare și binecuvântare prin legăminte - mai întâi cu Avraam (Geneza 12:1-5), reafirmat apoi cu Isaac (26:1-35), apoi cu Iacov (28:1-22). Aceste promisiuni li s-au aplicat israeliților din Egipt și generațiilor ulterioare. Geneza pregătește scena pentru restul planului lui Dumnezeu de răscumpărare a lumii prin Fiul Său, Isus Hristos.

Proiectul lui Dumnezeu pentru poporul Său nu s-a schimbat niciodată. El este același ieri, astăzi și în veci (Evrei 13:8). Dumnezeu nu Se schimbă. Vestea bună este că suntem făcuți asemenea chipului Fiului Său. Și putem trăi încrezători în dragostea Lui pentru noi, în identitatea noastră în El și în scopul nostru de moștenitori ai Împărăției Sale, rânduită înainte de întemeierea lumii. Prin Fiul Său, Isus, putem să ne asumăm identitatea și natura lui Hristos, pe măsură ce credem în El și primim schimbările pentru care a plătit cu viața Sa.

Pe măsură ce parcurgi acest studiu, mă rog să primești o revelație profundă a dragostei nesfârșite a lui Dumnezeu și să începi să umbli în deplinătatea destinului și a scopului pe care El le are pentru viața ta.

Terry Moore

Pastor fondator și prezbiter, Sojourn Church, Carrollton, TX
Fondator și președinte, International Apostolic Network,
JTerryMoore.org

Planul original al lui Dumnezeu

Să începem de unde începe Cuvântul lui Dumnezeu, din primul capitol din Geneza:

> „Apoi Dumnezeu a zis: 'Să facem om după chipul Nostru, după asemănarea Noastră; el să stăpânească peste peştii mării, peste păsările cerului, peste vite, peste tot pământul şi peste toate târâtoarele care se mişcă pe pământ.' Dumnezeu a făcut pe om după chipul Său, l-a făcut după chipul lui Dumnezeu; parte bărbătească şi parte femeiască i-a făcut. Dumnezeu i-a binecuvântat şi Dumnezeu le-a zis: 'Creşteţi, înmulţiţi-vă, umpleţi pământul şi supuneţi-l; şi stăpâniţi peste peştii mării, peste păsările cerului şi peste orice vieţuitoare care se mişcă pe pământ.'"
>
> Geneza 1:26-28

În acest pasaj, vedem că Dumnezeu Îşi expune intenţia iniţială pentru fiecare persoană în parte - planul Său pentru rasa umană! Aici scrie despre cele trei probleme importante cu care ne confruntăm cu toţii: *Dragostea, Identitatea şi Scopul*. Şi despre adevărul că suntem făcuţi după chipul lui Dumnezeu. Dar ce înseamnă asta? Este o întrebare, la care teologii încă se gândesc, dar foarte probabil înseamnă că noi „Îl imaginăm" pe Dumnezeu. Îl reflectăm pe Dumnezeu. Trăim într-un fel, gândim într-un fel, simţim într-un fel, vorbim într-un fel care atrage atenţia asupra strălucirii şi gloriei lui Dumnezeu. Ştim cu siguranţă că scrie că suntem iubiţi, deoarece Dumnezeu este dragoste. Faptul că ştim că suntem creaţi după asemănarea lui Dumnezeu, ne aduce siguranţă şi un sentiment profund de identitate. El ne-a creat din dragoste şi pentru dragoste.

Faptul că am fost creaţi după asemănarea Lui ne transmite că nu suntem Dumnezeu sau „mici dumnezei", dar suntem asemenea lui Dumnezeu în sensul că putem face anumite lucruri pe care El le face. De exemplu, putem vorbi şi putem crea, putem iubi şi ierta, putem aduce vindecare. Acest pasaj articulează, de asemenea, scopul pentru care trăim şi mandatul Său, care este: „Creşteţi, înmulţiţi-vă, umpleţi pământul şi supuneţi-l... " (Geneza 1:28) Un alt mod de a spune acest lucru este că scopul nostru este de a extinde Împărăţia lui Dumnezeu oriunde am merge.

„Faptul că ştim că suntem creaţi după asemănarea lui Dumnezeu ne aduce siguranţă şi un sentiment profund de identitate."

Dacă reuşim să înţelegem şi să îmbrăţişăm în inimile noastre dragostea Tatălui, identitatea noastră în Hristos şi scopul nostru de a înainta Împărăţia lui Dumnezeu, vom avea răspunsurile la cele mai profunde şi mai presante întrebări ale vieţii.

Aşadar, ce s-a întâmplat?

De ce se întâmplă că atât de mulţi oameni se luptă în aceste domenii ale dragostei, identităţii şi scopului? Cuvântul lui Dumnezeu este foarte clar în ceea ce priveşte dragostea şi dorinţa Sa ca poporul Său să umble în siguranţă în plinătatea destinului său. Atât zbuciumul, cât şi răspunsul se găsesc în Geneza 3:1-13.

Nu este ceva obscur sau ascuns. Lumea întreagă cunoaşte povestea „căderii omului". S-a întâmplat în Grădina Edenului, când Eva a ales să mănânce fructul oprit din pomul cunoaşterii binelui şi răului. În acel moment, păcatul a intrat în lume prin neascultarea lui Adam şi a Evei. Consecinţele deciziei lor au afectat întreaga omenire, dar, cel mai important, au dus la frângerea relaţiei lor cu Dumnezeu. Părtăşia dintre Dumnezeu şi poporul Său a fost întreruptă. Moartea, păcatul şi suferinţa au intrat în lume, iar aceasta a căzut sub blestem. Adam şi Eva şi-au pierdut simţul scopului, identitatea şi garanţia dragostei lui Dumnezeu. Şi astfel, lucrul acesta rămâne şi astăzi în inima multora dintre noi. Peste tot în jurul nostru vedem:

† Intimitate pierdută, care produce o focalizare pe sine şi singurătate

† Dragoste pierdută, care produce frică, nesiguranţă şi nevrednicie

† Autoritate pierdută, care duce la o mentalitate de victimă sau de orfan

Păcatul originar care i-a despărţit pe Adam şi Eva de Dumnezeu afectează încă întreaga omenire. Prin respingerea dragostei şi a harului lui Dumnezeu, noi am devenit orfani şi, prin urmare, acţionăm şi gândim ca nişte orfani, fără nădejde.

Restaurarea

Proiectul lui Dumnezeu pentru poporul Său nu s-a schimbat niciodată. El a vrut întotdeauna să trăim cu încredere în dragoste, identitate şi scop, iar El a plănuit să restaureze aceste lucruri pierdute la căderea omului prin lucrarea desăvârşită de la Cruce. Acest plan profetic este clar expus în Vechiul Testament în Geneza 3:15: „Vrăjmăşie voi pune între tine şi femeie, între sămânţa ta şi sămânţa ei. Aceasta îţi va zdrobi capul, şi tu îi vei zdrobi călcâiul." Cu alte cuvinte, Isus va „zdrobi capul" vrăjmaşului şi va restabili ceea ce s-a pierdut prin păcatul originar.

Aruncă o privire la acest pasaj din Scriptură, care confirmă modalitățile pline de putere prin care Isus ne-a restaurat dragostea, identitatea și scopul:

> „Și voi n-ați primit un duh de robie, ca să mai aveți frică; ci ați primit un duh de înfiere care ne face să strigăm: 'Ava!, adică: Tată!' Însuși Duhul adeverește împreună cu duhul nostru că suntem copii ai lui Dumnezeu. Și, dacă suntem copii, suntem și moștenitori: moștenitori ai lui Dumnezeu și împreună moștenitori cu Hristos, dacă suferim cu adevărat împreună cu El, ca să fim și proslăviți împreună cu El."
>
> Romani 8:15-17

Isus ne-a readus la intenția inițială a lui Dumnezeu, care este cunoașterea dragostei Tatălui (primirea Duhului de înfiere), înțelegerea identității noastre (în calitate de fii și fiice ale lui Dumnezeu) și împlinirea scopului nostru de a ne înmulți, de a umple pământul și de a ni-l supune (în calitate de moștenitori ai lui Dumnezeu). Prin lucrarea desăvârșită de Isus pe Cruce, am fost împăcați cu Dumnezeu, ceea ce a pus capăt înstrăinării noastre, și nu mai suntem orfani.

De ce este important acest lucru?

Cunoașterea dragostei Tatălui, a identității noastre în Hristos și a scopului vieții noastre este atât de crucială, deoarece faptul de a fi în siguranță în aceste trei domenii construiește o temelie fermă pentru orice altceva în viața noastră. Orice arhitect știe că o fundație solidă este esențială pentru o clădire. În Luca 6, Isus explică diferența dintre un constructor înțelept și unul nebun. Un zidar înțelept ascultă Cuvântul lui Dumnezeu, îl aplică în viața sa și, ca urmare, stă ferm în picioare în vremuri tulburi. Cu toate acestea, deoarece constructorul nebun nu ascultă și nu aplică principiile și instrucțiunile lui Dumnezeu, el este ruinat atunci când o furtună violentă îi lovește viața. Știm că viața în această lume este plină de suișuri și coborâșuri, de provocări și de încercări. Așa cum furtunile se ridică în domeniul fizic și amenință să distrugă case, clădiri și vieți, tot așa și furtunile vieții se abat asupra vieții noastre spirituale, amenințând să aducă devastare. Cei care au fost nebuni și și-au construit fundații defectuoase, slabe, pot suferi cu adevărat în timpul acestor încercări și dificultăți. Cel care își pune o temelie sigură, fermă, zidită pe Stânca cea tare (Isus), poate rezista acestor presiuni și vremuri turbulente, își poate reveni rapid, poate învăța din provocări și poate merge mai departe cu tărie și cu asigurarea dragostei lui Dumnezeu.

Isus a spus această lecție sub forma unei pilde:

> „De aceea, pe oricine aude aceste cuvinte ale Mele, și le face îl voi asemăna cu un om cu judecată care și-a zidit casa pe stâncă. A dat ploaia, au venit șuvoaiele, au suflat vânturile și au bătut în casa aceea, dar ea nu s-a prăbușit, pentru că avea temelia zidită pe stâncă. Însă oricine aude aceste cuvinte ale Mele, și nu le face, va fi asemănat cu un om nechibzuit care și-a zidit casa pe nisip. A dat ploaia, au venit șuvoaiele, au suflat vânturile și au izbit în casa aceea; ea s-a prăbușit, și prăbușirea i-a fost mare.”
>
> Matei 7:24-27

Potrivit acestei pilde, cheia pentru o temelie puternică este să *asculți* și să *te supui* Cuvântului lui Dumnezeu. Bărbatul sau femeia care va asculta de El, se va ține de credință, va săpa adânc și va trăi după adevărul Său, va descoperi că și-a clădit viața pe o temelie de nezdruncinat, Isus Hristos, Stânca. Apostolul Pavel scrie despre acest lucru în I Corinteni 3:9-11:

> „Căci noi suntem împreună-lucrători cu Dumnezeu. Voi sunteți ogorul lui Dumnezeu, clădirea lui Dumnezeu.

> După harul lui Dumnezeu care mi-a fost dat, eu, ca un meşter-zidar înţelept, am pus temelia, şi un altul clădeşte deasupra. Dar fiecare să ia bine seama cum clădeşte deasupra. Căci nimeni nu poate pune o altă temelie decât cea care a fost pusă şi care este Isus Hristos."

Furtunile pot trece prin viaţa noastră. Nu doar furtunile din mediul înconjurător, ci şi furtunile emoţionale, spirituale, fizice şi financiare pot izbucni brusc, fără nicio avertizare. Niciunul dintre noi nu ştie cu ce se poate confrunta mâine sau cu ce se pot confrunta cei dragi nouă. Trebuie să fim pregătiţi - puternici şi bine stabiliţi, avându-L pe Hristos ca temelie solidă, pentru a rezista la orice ar putea veni. Există o singură temelie. Isus Hristos. El este Stânca cea tare - neschimbabilă, de nezdruncinat şi care va rămâne stabilă şi neclintită atunci când orice altceva este zguduit. Zideşte pe această Temelie şi vei face faţă furtunilor vieţii şi vei rămâne în picioare atunci când orice altceva se va prăbuşi.

Este imperativ să ajungem să cunoaştem dragostea şi acceptarea lui Dumnezeu, permiţându-ne să experimentăm tot ceea ce are El pentru noi şi eliberarea plinătăţii prezenţei Sale în viaţa noastră. Nu numai că vom face faţă furtunilor vieţii atunci când cunoaştem dragostea lui Dumnezeu, dar vom fi, de asemenea, siguri de identitatea noastră şi vom împlini scopurile Sale suverane pentru viaţa noastră.

„Dumnezeu vrea să elibereze plinătatea prezenţei Sale în viaţa noastră."

Declararea identităţii lui Isus

Următorul pasaj din Scriptură este foarte important când vorbim despre problema identităţii. Aici, Tatăl ceresc Îi face o declaraţie Fiului Său şi tuturor celor care se aflau pe malul râului Iordan în ziua în care Isus a fost botezat!

„După ce a fost botezat tot norodul, a fost botezat și Isus;
și pe când Se ruga, s-a deschis cerul, și Duhul Sfânt S-a
coborât peste El în chip trupesc, ca un porumbel. Și din
cer s-a auzit un glas care zicea: 'Tu ești Fiul Meu preaiu-
bit: în Tine Îmi găsesc toată plăcerea Mea.'"

Luca 3:21-22

După ce a fost botezat, în timp ce Isus Se ruga, Duhul Sfânt a venit peste El. Aceasta nu a fost o experiență a nașterii din nou, deoarece Isus a fost conceput de Duhul Sfânt. El nu a avut nevoie să Se nască din nou. Noi avem nevoie să ne naștem din nou, pentru că ne naștem inițial în păcatul lui Adam, dar Isus a fost conceput de Duhul Sfânt la nașterea Sa inițială. Duhul Sfânt a venit peste El cu putere pentru a face lucrarea pe care a fost trimis să o facă (vezi Luca 4:18-19). Tatăl a vorbit din ceruri și a spus în mod public: „Tu ești Fiul Meu preaiubit: în Tine Îmi găsesc toată plăcerea Mea!" În acel moment, Dumnezeu Își declara aprobarea, acceptarea și adorarea față de Fiul Său, Isus. Avea Isus nevoie de afirmarea Tatălui? Nu, nu chiar. Fiind Dumnezeu, El nu are nevoie de nimic. Dar a fost important pentru veșnicie, pentru căpeteniile și puterile întunericului și ca exemplu pentru noi. Isus a primit afirmarea Tatălui și identitatea.

„Isus, plin de Duhul Sfânt, S-a întors de la Iordan și a
fost dus de Duhul în pustiu, unde a fost ispitit de diavo-
lul timp de patruzeci de zile. N-a mâncat nimic în zilele
acelea; și, după ce au trecut acele zile, a flămânzit. Dia-
volul I-a zis: 'Dacă ești Fiul lui Dumnezeu, poruncește
pietrei acesteia să se facă pâine.'"

Luca 4:1-3

Prima ispită a lui Hristos nu a avut de-a face doar cu transformarea pietrei în pâine, dar observă că ea are loc pentru că diavolul contestă cuvintele Tatălui adresate Fiului - cuvinte care fuseseră rostite cu doar 40 de zile în urmă: „Dacă ești Fiul lui Dumnezeu."

Dacă diavolul a îndrăznit să Îl provoace pe Isus cu privire la dragostea, afirmarea și identitatea Tatălui Său, atunci nu ne-ar ataca și nu ne-ar provoca cu siguranță și pe noi în același mod?

REZUMAT

Capacitatea de a trăi o viață transformată în scopurile lui Dumnezeu, împlinindu-ne chemarea și destinul și securizată în dragostea Tatălui, îmbrățișându-ne adevărata identitate și scopul, este o lucrare delicată și importantă a Duhului. Este absolut crucială pentru a ne ajuta să ne punem o temelie tare pe care să construim Împărăția în viața noastră. Această temelie este cea care ne dă puterea să facem față testelor, încercărilor și necazurilor care vor veni din cauza acestei lumi decăzute în care trăim.

Geneza ne spune că, din cauza păcatului primului om (Adam), ne-am pierdut intimitatea și părtășia cu Dumnezeu, ceea ce ne-a făcut să ne concentrăm asupra noastră și să pierdem din vedere cine suntem și ai cui suntem. Ne-am pierdut intimitatea și, în cele din urmă, revelația dragostei lui Dumnezeu, ceea ce a produs frică și respingere. Ne-am pierdut, de asemenea, autoritatea, ceea ce a dus la o mentalitate de victimă, făcându-ne din nou să devenim egocentrici și focalizați pe sine. Dar, în planul inițial al lui Dumnezeu, exista nădejdea restaurării prin Isus, astfel încât să existe o restituire a tot ceea ce s-a pierdut în Grădină. Astfel încât să existe reconciliere și iertarea păcatului și să putem fi readuși într-o relație corectă cu Dumnezeu și cu planul și scopul Său original pentru poporul Său - creați după chipul lui Dumnezeu - moștenitori ai făgăduinței; fiii și fiicele Sale, având stăpânire asupra pământului, fiind roditori, înmulțindu-ne și umplând pământul pe vecie.

♥ PUNE LA INIMĂ

Subiectul dragostei, al identității și al scopului nu este ceva despre care se vorbește cu ușurință în zilele noastre, dar vedem în Scripturi că este important. Dumnezeu, Tatăl, a vorbit din ceruri pentru a-L afirma pe Isus ca Fiu al Său și toți cei care erau de față să știe că era iubit și apreciat. Este și mai important pentru noi să avem siguranța acestui lucru. Poate că te-ai luptat cu acest lucru în diferite momente din viața ta. Poate că a fost o problemă încă de la o vârstă fragedă. Dumnezeu vrea să-ți stabilească în inimă problema identității tale. Ai vrea să-ți iei câteva momente să te rogi și să-I ceri Domnului să-ți imprime în duh și în suflet dragostea Sa uimitoare față de tine și scopurile pentru care ai fost creat?

🙏 ADU ÎNAINTEA LUI DUMNEZEU

Dragă Doamne,
nu sunt sigur unde mă aflu când vine vorba de siguranța cu privire la dragostea Ta, sau la identitatea și scopul meu. Dar Tu știi, și Îți cer să-mi aduci inima și viața în aliniere cu inima Ta. Dă-mi siguranța că și eu sunt iubit și că Îți găsești în mine toată plăcerea. Vreau să pășesc în plinătatea a tot ceea ce ai Tu. Vreau să construiesc o temelie fermă pentru viața mea și pentru generațiile care vor veni. Vreau să știu care sunt scopurile Tale pentru mine și cum pot să fiu roditor în această viață. Mă predau complet Ție.

În Numele lui Isus. Amin!

Cum să-L primești și să-L îmbrățișezi pe Duhul Sfânt

Chiar dacă am fost crescut într-un cămin creștin și am frecventat de când mă știu biserica, eram asemenea ucenicilor pe care Pavel i-a întâlnit în Efes și care nu auziseră prea multe despre Duhul Sfânt (vezi Faptele apostolilor 19:1-7). Ceea ce auzisem Îl făcea să mi se pară mai degrabă o doctrină decât Dumnezeu sub formă de Duh. După ce am fost botezat cu Duhul Sfânt, realitatea dragostei Tatălui și adevărata mea identitate de fiu al lui Dumnezeu iubit de El, au devenit foarte puternice și clare în viața mea.

După ce m-am născut din nou, primirea și îmbrățișarea deplină a Duhului Sfânt a fost și este cel mai transformator lucru care mi s-a întâmplat vreodată. Botezul cu Duhul Sfânt a fost „făgăduința Tatălui" despre care a vorbit Isus în Faptele apostolilor 1:4. Aceasta este mult mai mult decât o experiență unică. Avem nevoie de puterea Duhului Sfânt și de manifestările Sale dacă vrem să fim armata lui Dumnezeu și să fim ucenici care lucrează în lumina versetelor 18 și 19 din Luca 4. Când Isus era pe punctul de a Se înălța la Tatăl, le-a spus ucenicilor Săi că nu îi va lăsa singuri. El va trimite un altul, asemenea Lui, care să fie cu ei. Era vorba de Duhul Sfânt. „Totuși vă spun adevărul: vă este de folos să Mă duc; căci, dacă nu Mă duc Eu, Mângâietorul nu va veni la voi; dar, dacă Mă duc, vi-L voi trimite." (Ioan 16:7) Isus a considerat necesar ca Duhul Sfânt să vină și să locuiască în credincioși, deoarece Noul Legământ vine cu un nou stil de viață.

Isus le-a promis ucenicilor Săi, chiar înainte să fie răstignit, că Duhul Sfânt, care va fi asemenea Lui, va veni la ei (Ioan 14:16). Duhul Sfânt a venit într-adevăr la Rusalii (vezi Faptele apostolilor 2:1-4), iar El este şi astăzi Ajutorul, Mângâietorul, Sfătuitorul nostru, Cel care ne întăreşte şi ne susţine.

Pentru a creşte în cunoaşterea lui Dumnezeu, trebuie să înţelegem cine este Duhul Sfânt şi ce face El în viaţa noastră. Dacă nu ne dezvoltăm o intimitate personală cu Duhul Sfânt, permiţându-I să ni-L reveleze pe Isus şi ascultând cu adevărat de ceea ce spune El, nu vom avea niciodată o relaţie adevărată cu Domnul; vom avea doar religie. În timp ce căutăm să slujim spre vindecarea şi reîntregirea altora, avem nevoie de o relaţie intimă cu Duhul Sfânt, astfel încât să Îl putem urma în timp ce El îi conduce spre libertate.

Să ne uităm la câteva versete pline de putere, capabile să schimbe viaţa, care vor reda cine este Duhul Sfânt şi de ce este atât de important să îmbrăţişăm tot ceea ce El are pentru noi. Vei vedea cu ochii tăi că Duhul Sfânt este într-adevăr Dumnezeu, a treia persoană a Sfintei Treimi, şi că El a venit să trăiască în noi, să ne înveţe, să ne mângâie şi să ne conducă spre viaţa abundentă care este disponibilă numai prin Isus Hristos.

Cine este Duhul Sfânt?

Persoana Duhului Sfânt este Dumnezeu. Vieţile noastre de creştini, de credincioşi, sunt menite să fie supranaturale. Dar nu putem trăi la acest nivel de putere şi ungere fără Duhul Sfânt. Este important ca oamenii care doresc cu adevărat să primească libertatea şi vindecarea disponibile la Domnul să lase deoparte toate rezervele cu privire la Duhul Sfânt şi să-L îmbrăţişeze pe deplin.

† El este Duhul lui Dumnezeu; El este Dumnezeu şi este de la Dumnezeu, iar El Îl glorifică pe Dumnezeu.

† El este Ajutorul nostru, „*paracletul*", mângâietorul, avocatul şi sfătuitorul nostru.

† El este Învăţătorul nostru; Duhul Adevărului; El ne convinge de păcat.

† El este Duhul înfierii, care ne pecetluieşte mântuirea.

† El este Cel care dă daruri, înţelepciune şi înţelegere.

El este Dumnezeu...

„Dumnezeu este Duh; şi cine se închină Lui trebuie să I se închine în duh şi în adevăr."

Ioan 4:24

„Căci Domnul este Duhul; şi unde este Duhul Domnului, acolo este slobozenia."

2 Corinteni 3:17

„Când va veni Mângâietorul, pe care-L voi trimite de la Tatăl, adică Duhul adevărului, care purcede de la Tatăl, El va mărturisi despre Mine."

Ioan 15:26

Ajutorul nostru...

„Şi Eu voi ruga pe Tatăl, şi El vă va da un alt Mângâietor, care să rămână cu voi în veac; şi anume Duhul adevărului, pe care lumea nu-L poate primi, pentru că nu-L vede şi nu-L cunoaşte; dar voi Îl cunoaşteţi, căci rămâne cu voi şi va fi în voi."

Ioan 14:16-17

„Totuşi vă spun adevărul: vă este de folos să Mă duc; căci, dacă nu Mă duc Eu, Mângâietorul nu va veni la voi; dar, dacă Mă duc, vi-L voi trimite."

Ioan 16:7

„Și tot astfel și Duhul ne ajută în slăbiciunea noastră: căci nu știm cum trebuie să ne rugăm. Dar însuși Duhul mijlocește pentru noi cu suspine negrăite. Și Cel ce cercetează inimile știe care este năzuința Duhului; pentru că El mijlocește pentru sfinți după voia lui Dumnezeu."

Romani 8:26-27

Învățătorul nostru...

„Dar Mângâietorul, adică Duhul Sfânt, pe care-L va trimite Tatăl în Numele Meu, vă va învăța toate lucrurile și vă va aduce aminte de tot ce v-am spus Eu."

Ioan 14:26

„Mai am să vă spun multe lucruri, dar acum nu le puteți purta. Când va veni Mângâietorul, Duhul adevărului, are să vă călăuzească în tot adevărul; căci El nu va vorbi de la El, ci va vorbi tot ce va fi auzit și vă va descoperi lucrurile viitoare. El Mă va proslăvi, pentru că va lua din ce este al Meu și vă va descoperi. Tot ce are Tatăl este al Meu; de aceea am zis că va lua din ce este al Meu și vă va descoperi."

Ioan 16:12-15

„Dar, după cum este scris: 'Lucruri pe care ochiul nu le-a văzut, urechea nu le-a auzit, și la inima omului nu s-au suit, așa sunt lucrurile pe care le-a pregătit Dumnezeu pentru cei ce-L iubesc.' Și vorbim despre ele nu cu vorbiri învățate de la înțelepciunea omenească, ci cu vorbiri învățate de la Duhul Sfânt, întrebuințând o vorbire duhovnicească pentru lucrurile duhovnicești."

1 Corinteni 2:9, 13

„Cât despre voi, ungerea pe care ați primit-o de la El rămâne în voi și n-aveți trebuință să vă învețe cineva; ci, după cum ungerea Lui vă învață despre toate lucrurile și este adevărată, și nu este o minciună, rămâneți în El, după cum v-a învățat ea."

1 Ioan 2:27

Duhul înfierii...

„Și voi n-ați primit un duh de robie, ca să mai aveți frică; ci ați primit un duh de înfiere care ne face să strigăm: 'Ava!, adică: Tată!'"

Romani 8:15

„Însuși Duhul adeverește împreună cu duhul nostru că suntem copii ai lui Dumnezeu. Și, dacă suntem copii, suntem și moștenitori: moștenitori ai lui Dumnezeu și împreună moștenitori cu Hristos, dacă suferim cu adevărat împreună cu El, ca să fim și proslăviți împreună cu El."

Romani 8:16-17

Cel care dă daruri...

„Și fiecăruia i se dă arătarea Duhului spre folosul altora. De pildă, unuia îi este dat, prin Duhul, să vorbească despre înțelepciune; altuia, să vorbească despre cunoștință, datorită aceluiași Duh; altuia, credința, prin același Duh; altuia, darul tămăduirilor, prin același Duh; altuia, puterea să facă minuni; altuia prorocia; altuia, deosebirea duhurilor; altuia, felurite limbi; și altuia, tălmăcirea limbilor. Dar toate aceste lucruri le face unul și același Duh, care dă fiecăruia în parte, cum voiește."

1 Corinteni 12:7-11

„Și mă rog ca Dumnezeul Domnului nostru Isus Hristos, Tatăl slavei, să vă dea un duh de înțelepciune și de descoperire, în cunoașterea Lui, și să vă lumineze ochii inimii ca să pricepeți care este nădejdea chemării Lui,

> care este bogăția slavei moștenirii Lui în sfinți și care este
> față de noi, credincioșii, nemărginita mărime a puterii
> Sale, după lucrarea puterii tăriei Lui.”
>
> Efeseni 1:17-19

Aceste versete și multe altele atestă dumnezeirea Duhului Sfânt, descris în termeni personali, nu ca o forță cosmică impersonală. El posedă emoții și intelect; El călăuzește, învață, mângâie, mijlocește, împarte daruri, dă înțelepciune, sfaturi și putere. El este co-egal cu Dumnezeu Tatăl și Dumnezeu Fiul; totuși, este, de asemenea, distinct de Ei. În creștinul în care locuiește Duhul Sfânt, locuiește Dumnezeul cel viu. Duhul Sfânt este de o importanță vitală în viața ta. Prin El se revelează în tine caracterul lui Hristos.

Lucrarea Duhului Sfânt

Chiar și la un studiu ocazional al Noului Testament, vedem că există o dihotomie între responsabilitățile noastre în calitate de creștini și ceea ce a fost deja realizat pentru noi de Domnul. Este important să înțelegem diferența și să ne ancorăm în credința adevărată. Noi știm cum trebuie să trăim, să umblăm în ascultare, să gândim și să vorbim.

Dar, în mod clar, o mare parte din Noul Testament subliniază ceea ce Hristos a făcut deja pentru noi. Este reconfortant să știm că suntem chemați, socotiți neprihăniți, sfințiți și păstrați în credință fără niciun efort din partea noastră și că Hristos și Duhul Sfânt mijlocesc continuu în favoarea noastră. Datorită lucrării desăvârșite a lui Hristos pe cruce, descoperim că avem o moștenire care nu poate fi măsurată în termeni umani.

Făgăduința Duhului Sfânt este punctul culminant a tot ceea ce Isus a vorbit în Ioan 14 despre Mângâietorul și Ajutorul care va veni, Cineva exact ca El însuși. Dar promisiunea lui Isus s-a extins dincolo de aceasta. Următoarele Sale cuvinte încheie în mod minunat mesajul de mângâiere: „care să rămână cu voi în veac." (Ioan 14:16)

Cunoscutul pastor și teolog, John Piper, a spus: „Un creștin fără putere este un creștin care are nevoie de botezul cu Duhul Sfânt." Lucrarea Duhului Sfânt îți dă putere să trăiești o viață supranaturală - în fiecare zi - pe măsură ce îți predai viața controlului Său. Prezența Sa:

Îți va da putere să învingi, să Îi fi martor și să vorbești cu îndrăzneală

† Îți va aduce mângâiere și ajutor

† Te va învăța, conduce și îndruma

† Te va asigura de înfierea și moștenirea ta

† Te va întări și încuraja

† Te va atrage mai aproape de Domnul

† Te va sfinți

† Te va convinge de păcat, de neprihănire și judecată

† Îți va regenera duhul uman

† Îl va atrage pe cel necredincios la Isus

† Te va înzestra cu daruri spirituale

Botezul cu Duhul Sfânt

Înainte de răstignirea Sa, Isus le-a spus ucenicilor Săi că era în folosul lor ca El să plece (vezi Ioan 16:7). Numai după aceea putea veni Duhul Sfânt. Ce declarație impresionantă a făcut Isus! Mai târziu, le-a spus acelorași ucenici să nu părăsească Ierusalimul, să nu meargă și să facă ucenici în toate națiunile până când nu vor fi înzestrați cu puterea Duhului Sfânt (vezi Luca 24:49), deși El a suflat peste ei ca să primească Duhul (vezi Ioan 20:22).

Și noi, de asemenea, trebuie să primim și să îmbrățișăm pe deplin Duhul Sfânt și puterea Sa dacă vrem să fim ucenici eficienți care să facă o diferență și să facă să avanseze Împărăția lui Dumnezeu pe pământ. De asemenea, oamenii care au fost răniți sau care sunt prinși în capcanele vrăjmașului, trebuie să primească Duhul Sfânt și puterea Sa. Îmbrățișarea lui Dumnezeu sub formă de Duh este singura cale de a avea o relație profundă și intimă cu Domnul și de a-I auzi clar vocea.

Ioan Botezătorul ne-a spus: „El vă va boteza cu Duhul Sfânt și cu foc." (Matei 3:11b) Deși unele convingeri teologice nu ar fi de acord, este clar că Domnul Isus a considerat că era necesar ca ucenicii Săi să fie înzestrați cu puterea Duhului Sfânt înainte de a intra în următoarea fază a lucrării (vezi Faptele apostolilor 1:4-8).

Isus a primit Duhul Sfânt, a fost uns de Duhul Sfânt și a slujit prin puterea Duhului Sfânt. De fapt, Isus Însuși nu Și-a început slujirea decât după ce a primit Duhul Sfânt într-un mod vizibil celorlalți (Luca 3:22; 4:14).

> „și Duhul Sfânt S-a coborât peste El în chip trupesc, ca un porumbel. Și din cer s-a auzit un glas care zicea: 'Tu ești Fiul Meu preaiubit: în Tine Îmi găsesc toată plăcerea Mea!'"
>
> Luca 3:22

> „Duhul Domnului este peste Mine, pentru că M-a uns să vestesc săracilor Evanghelia; M-a trimis să tămădu-iesc pe cei cu inima zdrobită, să propovăduiesc robilor de război slobozirea, și orbilor căpătarea vederii; să dau drumul celor apăsați și să vestesc anul de îndurare al Domnului."
>
> Luca 4:18-19

„cum Dumnezeu a uns cu Duhul Sfânt şi cu putere pe Isus din Nazaret, care umbla din loc în loc, făcea bine şi vindeca pe toţi cei ce erau apăsaţi de diavolul; căci Dumnezeu era cu El."

Faptele apostolilor 10:38

Isus a promis că Dumnezeu ne va da Duhul Sfânt dacă Îi vom cere asta. Rugăciunea de la sfârşitul acestui capitol este menită să te îndrume să primeşti Duhul Sfânt în toată plinătatea Lui şi să Îi ceri să toarne în tine darurile Sale, astfel încât să fii liber şi apoi echipat pentru lucrarea Evangheliei.

De la începutul bisericii şi de-a lungul istoriei, botezul cu Duhul Sfânt a fost o parte integrantă şi un element crucial în viaţa poporului lui Dumnezeu. Acest botez a fost experimentat de milioane de oameni din întreaga lume timp de sute de ani şi este şi pentru noi astăzi. Botezul cu Duhul Sfânt este extrem de important dacă vrem să umblăm în adevărul libertăţii lui Dumnezeu pe pământ. O persoană care este botezată cu Duhul Sfânt este literalmente „scufundată" în Duhul Sfânt. Scriptura explică importanţa botezului:

„Ci voi veţi primi o putere, când Se va coborî Duhul Sfânt peste voi, şi-Mi veţi fi martori în Ierusalim, în toată Iudeea, în Samaria şi până la marginile pământului."

Faptele apostolilor 1:8

„Ioan, drept răspuns, a zis tuturor: 'Cât despre mine, eu vă botez cu apă; dar vine Acela care este mai puternic decât mine şi căruia eu nu sunt vrednic să-I dezleg cureaua încălţămintei. El vă va boteza cu Duhul Sfânt şi cu foc.'"

Luca 3:16

„Și iată că voi trimite peste voi făgăduința Tatălui Meu; dar rămâneți în cetate până veți fi îmbrăcați cu putere de sus."

Luca 24:49

„În ziua Cincizecimii, erau toți împreună în același loc. Deodată, a venit din cer un sunet ca vâjâitul unui vânt puternic și a umplut toată casa unde ședeau ei. Niște limbi ca de foc au fost văzute împărțindu-se printre ei și s-au așezat câte una pe fiecare din ei. Și toți s-au umplut de Duh Sfânt și au început să vorbească în alte limbi, după cum le dădea Duhul să vorbească."

Faptele apostolilor 2:1-4

„Pe când era Apolo în Corint, Pavel, după ce a trecut prin ținuturile de sus ale Asiei, a ajuns la Efes. Aici a întâlnit pe câțiva ucenici și le-a zis: 'Ați primit voi Duhul Sfânt când ați crezut?' Ei i-au răspuns: 'Nici n-am auzit măcar că a fost dat un Duh Sfânt.' 'Dar cu ce botez ați fost botezați?', le-a zis el. Și ei au răspuns: 'Cu botezul lui Ioan.' Atunci Pavel a zis: 'Ioan a botezat cu botezul pocăinței și spunea norodului să creadă în Cel ce venea după el, adică în Isus.' Când au auzit ei aceste vorbe, au fost botezați în Numele Domnului Isus. Când și-a pus Pavel mâinile peste ei, Duhul Sfânt S-a coborât peste ei, și vorbeau în alte limbi și proroceau."

Faptele apostolilor 19:1-6

„De aceea și Eu vă spun: cereți, și vi se va da; căutați, și veți găsi; bateți, și vi se va deschide. Fiindcă oricine cere capătă; cine caută găsește; și celui ce bate i se deschide. Cine este tatăl acela dintre voi, care, dacă-i cere fiul său pâine, să-i dea o piatră? Ori, dacă cere un pește, să-i dea un șarpe în loc de pește? Sau, dacă cere un ou, să-i dea un scorpion? Deci, dacă voi, care sunteți răi, știți să dați daruri bune copiilor voștri, cu cât mai mult Tatăl vostru cel din ceruri va da Duhul Sfânt celor ce I-L cer!"

Luca 11:9-13

O invitație

După ce am analizat semnificația și greutatea de a putea trăi o viață împuternicită în Duhul Sfânt, vreau să te invit într-un loc de rugăciune pentru a fi botezat cu Duhul Sfânt. La sfârșitul acestui capitol, am elaborat o rugăciune pe care să o folosești și pe care știm că Dumnezeu o va auzi și te va umple și te va boteza cu Duhul Său cel Sfânt.

Să știi că vrăjmașul luptă din răsputeri împotriva primirii Duhului Sfânt. El nu vrea ca creștinii să fie împuterniciți să facă ceva. Așa cum se întâmplă adesea când ne gândim la Duhul Sfânt, vrăjmașul încearcă să ne atragă atenția asupra vorbirii în limbi sau altor manifestări, astfel încât să nu-L primim cu adevărat și să rămânem blocați având un anumit nivel de teamă sau îngrijorare. Permite-mi să te încurajez să mergi mai departe.

Da, de obicei sunt anumite manifestări exterioare și confirmări ale primirii Duhului Sfânt, una dintre acestea fiind vorbirea într-o limbă necunoscută, un limbaj al rugăciunii. Vorbirea într-o altă limbă era normală în experiența creștinilor din primul secol, dar vorbirea în limbi nu ar trebui să fie punctul central. Adevărata esență a acestei chestiuni este primirea puterii atunci când Duhul Sfânt a venit peste tine. Primirea unei limbi noi în care să te rogi este un beneficiu și o binecuvântare pentru credincios, însă primirea Lui este cea mai importantă.

REZUMAT

Am văzut în mod clar că a treia persoană a Treimii este Duhul Sfânt. El este Ajutorul, Învățătorul, Mângâietorul și Prietenul nostru. El este Duhul Adevărului și este Cel care ne descoperă Cuvântul și ne conduce în adevăr. El este Duhul înfierii și ne descoperă dragostea Tatălui.

Pentru a trăi o viață plină de putere, fiind capabili să ne împotrivim vrăjmașului și tuturor provocărilor cu care ne confruntăm fiecare dintre noi, trebuie să îmbrățișăm pe deplin persoana Duhului Sfânt. El este răspunsul și cheia pentru fiecare aspect al unei relații intime, vibrante și pline de răsplătiri cu Dumnezeu. Duhul Sfânt este Cel care ne vorbește din ceruri și ne revelează inima Tatălui și toate lucrurile pe care le-am primit în mod gratuit prin Hristos. Suntem pecetluiți în El pentru veșnicie și împuterniciți să proclamăm bunătatea lui Dumnezeu într-o lume pierdută și suferindă. Acesta este scopul pentru care am fost cumpărați!

♥ PUNE LA INIMĂ

Viața veșnică nu se referă doar la cantitate - viața care continuă la nesfârșit - ci și la calitate. Este genul de viață care te face să fii sensibil la ceea ce face Dumnezeu. Esența vieții spirituale este umblarea cu Dumnezeu, simțirea Duhului Sfânt în viața ta, comuniunea cu Hristos și participarea la activitatea de pe tărâmul spiritual. Slujba Duhului Sfânt este de a ni-L face cunoscut pe Hristos.

Pe măsură ce ai citit acest capitol și ai răsfoit Scripturile, nu există nicio îndoială că Tatăl ceresc te-a chemat în locuri mai profunde ale prezenței Sale. El te iubește și cea mai mare dorință a Sa este să fii una cu El. Urmează-I călăuzirea și rostește următoarea rugăciune pentru a primi tot ceea ce are El pentru tine în Duhul pentru această viață uimitoare.

🙏 ADU ÎNAINTEA LUI DUMNEZEU

Dragă Doamne,
în calitate de copil al Tău, doresc să fiu un instrument prin care slava Ta să se manifeste. Iartă-mă că nu Te-am primit ca Duh. Înțeleg acum importanța unei vieți pline de Duh și doresc să primesc făgăduința Duhului Tău Sfânt față de cei care cred. Îți dau întreaga mea ființă; Îți predau totul. Botează-mă cu Duhul Sfânt și cu foc, pentru ca puterea Ta supranaturală să lucreze în mine și să mă transforme după voia Ta.

Duhule Sfânt, dă-mi puterea de a fi martorul Tău și umple-mă până dau peste. Manifestă-Ți darurile; nu-mi ascunde nimic. Îți dau autoritate deplină să lucrezi în viața mea, astfel încât Împărăția Tatălui să fie demonstrată oriunde merg.

Îți cer asta în Numele lui Isus plin de putere. Amin!

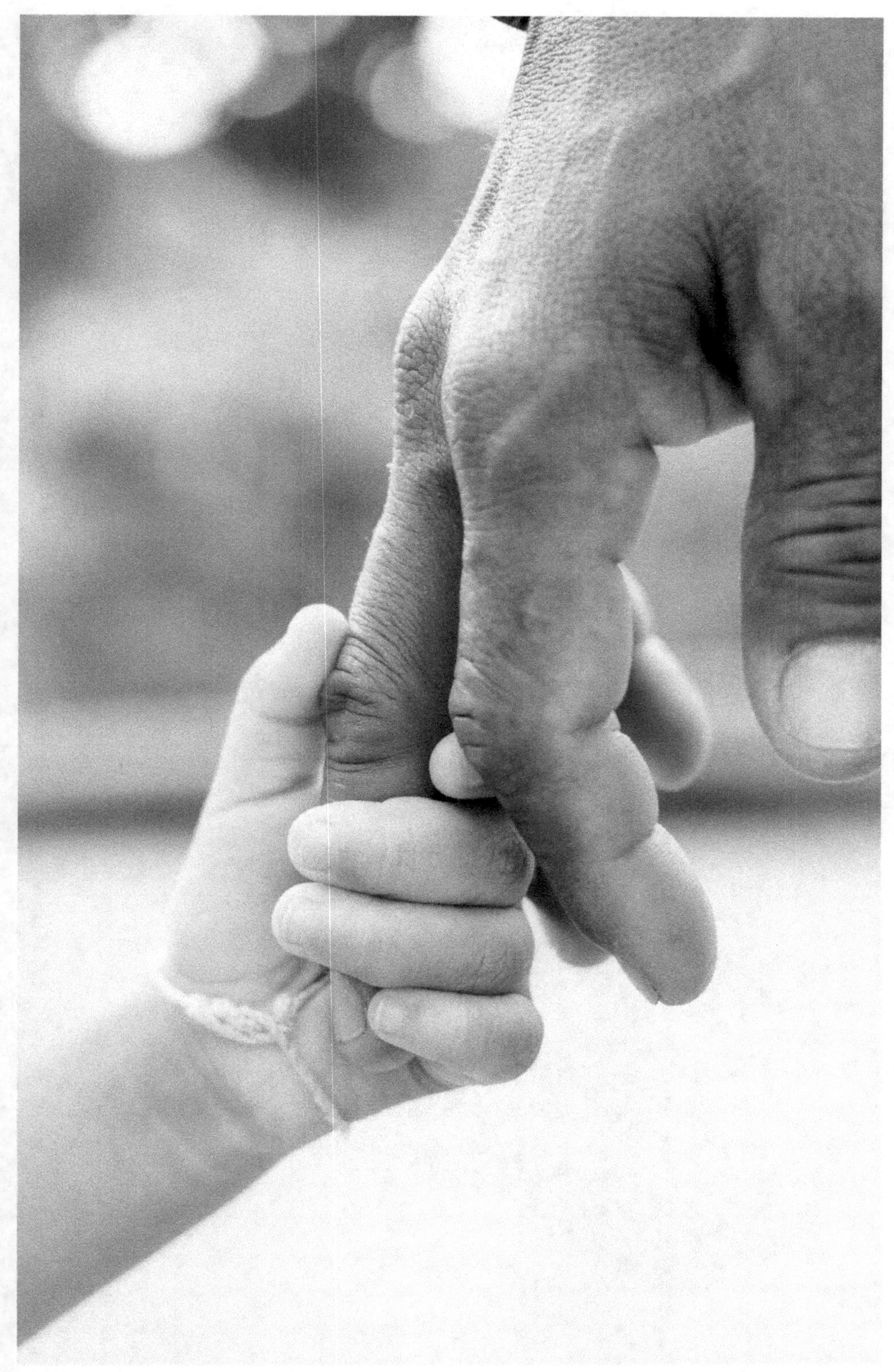

Dragostea Tatălui

Una este să-L cunoşti pe Dumnezeu ca Tată din punct de vedere teologic, dar cu totul altceva este să-L experimentezi pe Dumnezeu ca Tată într-un mod profund personal. Există un loc în inima fiecărei persoane care are nevoie de dragostea unui tată. Dragostea lui Dumnezeu, Tatăl nostru, este unul dintre cele mai importante adevăruri pe care le putem cunoaşte cu mintea şi pe care le putem avea stabilite în inimă. Faptul de a fi ancoraţi în această dragoste şi de a o face să devină reală pentru noi, stabileşte o temelie atât de fermă pe lucrarea încheiată de Isus Hristos, încât, indiferent de furtunile cu care ne confruntăm, suntem capabili să stăm tari şi să nu ne clătinăm.

> „Pot să se mute munţii,
> pot să se clatine dealurile,
> dar dragostea Mea nu se va muta de la tine,
> şi legământul Meu de pace nu se va clătina,
> zice Domnul, care are milă de tine.”
>
> Isaia 54:10

Datorită dragostei mari a lui Dumnezeu pentru noi, El ne-a dat cel mai mare dar care putea fi dăruit vreodată, darul Său cel mai valoros şi mai scump - propriul Său Fiu, Isus Hristos. Ioan 3:16 este un verset biblic familiar, pe care mulţi oameni îl învaţă de mici şi nu-l uită niciodată. Este, de asemenea, unul dintre cele mai profunde versete din toată Scriptura: „Fiindcă atât de mult a iubit Dumnezeu lumea, că a dat pe singurul Lui Fiu, pentru ca oricine crede în El să nu piară, ci să aibă viaţa veşnică.”

În Romani 5:8 scrie: „Dar Dumnezeu Își arată dragostea față de noi prin faptul că, pe când eram noi încă păcătoși, Hristos a murit pentru noi."

Cuvântul ne spune că Dumnezeu L-a trimis pe Isus să moară pentru noi pe când eram încă păcătoși. El și-a dovedit dragostea dându-ni-L pe Isus, care a venit pe pământ pentru a ne arăta calea spre Tatăl și pentru a ne conduce la o relație cu El. Prețul suprem a fost plătit atunci când Isus S-a dus la cruce, luând asupra Sa pedepsele și sancțiunile pentru păcatul nostru.

Uneori credem că putem fi suficient de buni sau că putem „să ne punem pe picioare" până în punctul în care Isus poate să ne iubească suficient cât să fi murit pentru noi. Dar acest lucru nu este adevărat. El a murit pentru noi pentru că Dumnezeu ne iubește. Acesta este adevărul real din spatele rațiunii Sale. El a ales să Își dea viața pentru noi în timp ce noi Îi eram potrivnici și vrăjmași.

„Isus caută necontenit să-Și reverse dragostea peste noi."

Într-un mod reprezentativ, strigam: „Răstignește-L! Răstignește-L!" și Îi băteam cuie în mâini și picioare, fără să fim conștienți de faptul că El a suportat de bună voie o moarte chinuitoare astfel încât să putem fi mântuiți, vindecați și eliberați. El a făcut acest lucru nu pentru că eram credincioși, l-a făcut atunci când eram încă păcătoși. Aceasta este o dragoste uimitoare - dragostea adevărată în acțiune. Este genul de dragoste impresionantă pe care Dumnezeu o are pentru noi.

Isus caută necontenit să-Și reverse dragostea peste noi. Lasă ca această dragoste desăvârșită să te mângâie în timp ce asculți cuvintele pe care ți le adresează Tatăl ție, fiul sau fiica Sa preaiubită:

„Domnul Dumnezeul tău este în mijlocul tău, ca un viteaz care poate ajuta; Se va bucura de tine cu mare bu-

curie, va tăcea în dragostea Lui şi nu va mai putea de
veselie pentru tine."

Ţefania 3:17

„Te iubesc cu o iubire veşnică; de aceea îţi păstrez bună-
tatea Mea!"

Ieremia 31:3

„Cine are poruncile Mele şi le păzeşte acela Mă iubeşte;
şi cine Mă iubeşte va fi iubit de Tatăl Meu. Eu îl voi iubi
şi Mă voi arăta lui."

Ioan 14:21

Nimic nu ne poate despărţi

Pavel părea să înţeleagă cu adevărat dragostea lui Dumnezeu. În
Romani 8:32-34, el pune câteva întrebări interesante bazate pe
înţelegerea şi experienţa sa în cadrul relaţiei sale cu Hristos.

> „El, care n-a cruţat nici chiar pe Fiul Său, ci L-a dat
> pentru noi toţi, cum nu ne va da fără plată, împreună
> cu El, toate lucrurile? Cine va ridica pâră împotriva
> aleşilor lui Dumnezeu? Dumnezeu este Acela care-i
> socoteşte neprihăniţi! Cine-i va osândi? Hristos a murit!
> Ba mai mult, El a şi înviat, stă la dreapta lui Dumnezeu
> şi mijloceşte pentru noi!"

Romani 8:32-34

Observă că nimeni nu I-a „luat" lui Isus viaţa; Dumnezeu Însuşi
a dat viaţa Fiului Său - şi Isus Şi-a dat viaţa de bunăvoie pentru
noi. Soldaţii romani au efectuat răstignirea în cel mai crud mod,
dar ei au fost doar instrumente pentru împlinirea planului lui
Dumnezeu, planul de a ne răscumpăra şi de a arăta inima plină de
dragoste a lui Dumnezeu prin faptul că L-a sacrificat pe Fiul Său
pentru a ne mântui. Aşa cum se întreabă Pavel, cum putem crede

că Dumnezeu ar putea să nu ne dea tot ceea ce avem nevoie? Dacă nu L-a cruţat pe singurul Său Fiu, de ce ar cruţa orice altceva? De ce nu ne-ar da dragostea Sa, harul Său, mila Sa sau puterea Sa de vindecare şi eliberare? El o va face! El este un Tată bun; El ne iubeşte şi vrea să ne dea daruri bune.

Nu numai că ne dăruieşte toate lucrurile, aşa cum promite Romani 8:32, dar ne şi asigură cu privire la dragostea Sa. El promite că nimic nu ne poate despărţi de inima Sa plină de dragoste.

> „Cine ne va despărţi pe noi de dragostea lui Hristos? Necazul, sau strâmtorarea, sau prigonirea, sau foametea, sau lipsa de îmbrăcăminte, sau primejdia, sau sabia? După cum este scris: 'Din pricina Ta suntem daţi morţii toată ziua; suntem socotiţi ca nişte oi de tăiat.' Totuşi, în toate aceste lucruri, noi suntem mai mult decât biruitori, prin Acela care ne-a iubit. Căci sunt bine încredinţat că nici moartea, nici viaţa, nici îngerii, nici stăpânirile, nici puterile, nici lucrurile de acum, nici cele viitoare, nici înălţimea, nici adâncimea, nicio altă făptură, nu vor fi în stare să ne despartă de dragostea lui Dumnezeu care este în Isus Hristos, Domnul nostru."
>
> Romani 8:35-39

Dumnezeu este dragoste

> „Cine nu iubeşte n-a cunoscut pe Dumnezeu; pentru că Dumnezeu este dragoste."
>
> 1 Ioan 4:8

Poate că cel mai scurt verset biblic pe care mulţi dintre noi l-au memorat este a doua parte din 1 Ioan 4:8, care spune că „Dumnezeu este dragoste". În natura Sa, în caracterul Său, însăşi esenţa Sa este dragostea. Deşi dragostea este ceva ce El afişează şi exprimă (ceva ce face El), este fără îndoială şi Cine este El. Dumnezeu este DRAGOSTE. Pentru că El este dragoste, El nu poate decât să Îşi manifeste şi să Îşi demonstreze dragostea faţă de noi.

> „Dragostea lui Dumnezeu faţă de noi s-a arătat prin faptul că Dumnezeu a trimis în lume pe singurul Său Fiu, ca noi să trăim prin El. Şi dragostea stă nu în faptul că noi am iubit pe Dumnezeu, ci în faptul că El ne-a iubit pe noi şi a trimis pe Fiul Său ca jertfă de ispăşire pentru păcatele noastre.”
>
> 1 Ioan 4:9-10

Biblia ne spune în 1 Ioan 4:9-10, exact ca în Romani 5:8, că Dumnezeu Şi-a demonstrat dragostea faţă de noi trimiţându-Şi Fiul să moară pentru noi. Totodată, vedem în aceste versete un alt lucru care este, de asemenea, important pentru viaţa noastră de creştini: Isus aduce **„ispăşire”** pentru păcatele noastre. Deoarece nu auzim deseori cuvântul **„ispăşire”**, trebuie să îl înţelegem. **Ispăşirea** are de-a face cu răscumpărarea. **Ispăşirea** aduce o schimbare în atitudinea lui Dumnezeu, astfel încât El trece de la a ne sta împotrivă la a fi pentru noi. Prin procesul de **ispăşire**, părtăşia cu El şi favoarea în ochii Lui ne sunt restabilite. Mai simplu spus, înseamnă că Dumnezeu nu mai este supărat pe noi.

> *„Prin procesul de ispăşire ne este restabilită părtăşia cu Dumnezeu.”*

În traducerea *The New Duh-Filled Life Bible* este scris următorul lucru cu privire la ispăşire: „Cuvântul Îl descrie pe Hristos, prin moartea Sa jertfitoare, ca aplanând mânia lui Dumnezeu datorată păcatului.” (Romani 3:25)

Cu alte cuvinte, mânia pe care Dumnezeu o avea faţă de păcat, a turnat-o asupra lui Isus în loc să o toarne asupra noastră - cei care săvârșim păcatul. Mânia lui Dumnezeu față de noi face parte din ceea ce a purtat Isus în locul nostru. Acest adevăr ne asigură că Dumnezeu nu este supărat pe noi. El urăște păcatul, atunci când păcătuim; El urăște unele dintre lucrurile pe care le gândim, le spunem și le facem, dar, cu toate acestea, pe noi ne iubește.

Fiind ființe umane finite și păcătoase, ne este foarte dificil să încercăm să înțelegem dragostea desăvârșită, necondiționată, magnifică și plină de har a Dumnezeului nostru infinit. El este dragostea desăvârșită. Noi, desigur, nu suntem, dar Dumnezeu a făcut o cale să ajungem la o înțelegere suficientă a dragostei Sale. El își arată dragostea față de noi în îndurarea Sa incredibilă față de copiii Săi. Biblia spune că El este „bogat în îndurare". Observă Efeseni 2:4-5, unde scrie: „Dar Dumnezeu, care este bogat în îndurare, pentru dragostea cea mare cu care ne-a iubit, măcar că eram morți în greșelile noastre, ne-a adus la viață împreună cu Hristos (prin har sunteți mântuiți)." Cuvântul „*îndurare*", în acest verset, înseamnă „bunăvoință". Pasajul ne amintește că natura lui Dumnezeu este dragostea; și El ne iubește și ne acordă mai multă bunătate și îndurare decât ne-am putea imagina vreodată că este posibil.

În vremurile din Vechiul Testament, poporul lui Dumnezeu avea un proverb pe care îl repeta la nesfârșit: „Lăudați pe Domnul, căci este bun, căci în veac ține îndurarea Lui!" Fă-ți timp să citești Psalmul 118 și să meditezi la bunătatea lui Dumnezeu. El știa că copiii lui Israel aveau nevoie să își amintească zilnic de bunăvoința și de îndurarea Sa nesfârșită. Și noi avem nevoie!

Învingerea respingerii

Unul dintre cele mai mari obstacole în calea primirii dragostei și acceptării lui Dumnezeu este respingerea. Respingerea este o mentalitate, dar este și un duh; și poate acționa în viața unei persoane în unul din moduri sau în ambele. Majoritatea oamenilor se luptă cu respingerea la un anumit nivel; unii oameni se luptă cu ea intens. Atunci când ne simţim respinşi, nu putem simţi dragoste semnificativă, chiar dacă suntem iubiţi în moduri semnificative. Pur şi simplu nu putem crede că oamenii ne iubesc sau că Dumnezeu ne iubeşte. Atunci când suferim de respingere, vrăjmaşul profită de această luptă şi ne împinge să facem performanţă pentru a fi acceptaţi. Dar nu putem fi acceptaţi şi nu putem simţi această acceptare decât dacă primim dragostea lui Dumnezeu.

> *„Unul dintre cele mai mari obstacole în calea primirii dragostei şi acceptării lui Dumnezeu este respingerea.”*

El înţelege cum este respingerea. De fapt, Biblia ne spune că Isus a fost respins cu desăvârşire. Familia Sa L-a respins; oamenii pe care a venit să-i mântuiască, L-au respins; liderii religioşi L-au respins; chiar şi ucenicii Săi L-au denunţat şi L-au abandonat. Iar pe Cruce, El S-a simţit total părăsit de Tatăl ceresc. Respingerea pe care El a îndurat-o şi a învins-o în locul nostru este descrisă în mod profetic în Isaia 53:3-5:

> „Dispreţuit şi părăsit de oameni, Om al durerii şi obişnuit cu suferinţa... Pedeapsa care ne dă pacea a căzut peste El, şi prin rănile Lui suntem tămăduiţi.”

La cruce, Isus a luat asupra Sa respingerea noastră. El a plătit pentru ea, astfel încât noi să nu mai trebuiască să ne luptăm cu ea. El a făcut posibil ca noi să fim complet acceptaţi. Pavel ştia asta şi ne împărtăşeşte acest adevăr în Efeseni:

> „Binecuvântat să fie Dumnezeu, Tatăl Domnului nostru Isus Hristos, care ne-a binecuvântat cu tot felul de

binecuvântări duhovnicești, în locurile cerești, în Hristos. În El, Dumnezeu ne-a ales înainte de întemeierea lumii, ca să fim sfinți și fără prihană înaintea Lui, după ce, în dragostea Lui, ne-a rânduit mai dinainte să fim înfiați prin Isus Hristos, după buna plăcere a voii Sale, spre lauda slavei harului Său pe care ni l-a dat în Preaiubitul Lui."

Efeseni 1:3-6

Dumnezeu ne-a ales încă de la începutul timpului. El a predeterminat ca, atunci când acceptăm în inimile noastre darul Fiului Său, Isus, să fim introduși în familia Sa pe baza bunului Său plac, nu a performanței noastre. Prin sângele vărsat al lui Isus Hristos și prin jertfa Sa de pe cruce, suntem profund iubiți și acceptați pe deplin!

Dar cum pășim în eliberarea de respingere și cum primim dragostea lui Dumnezeu? O parte din primirea dragostei Tatălui este să realizăm că suntem iubiți și acceptați. El ne iubește și ne acceptă exact așa cum suntem. El nu ne cere să facem nimic pentru a-I câștiga sau a-I merita dragostea; El ne-o dă în mod gratuit și tot ce trebuie să facem este să o primim.

Chiar și lui Isus, înainte să aibă șansa de a face „performanță", mari isprăvi sau ceva impresionant și semnificativ, Dumnezeu I-a vorbit din Ceruri pentru a-I afirma faptul că-L iubește și-L acceptă. Luca 3:22 consemnează aceste cuvinte pline de putere: „și Duhul Sfânt S-a coborât peste El în chip trupesc, ca un porumbel. Și din cer s-a auzit un glas care zicea: 'Tu ești Fiul Meu preaiubit: în Tine Îmi găsesc toată plăcerea Mea!'"

Știm din Scripturi că până în acel moment al vieții Sale pământești, Isus nu vindecase pe nimeni, nu scosese demoni, nu înviase pe nimeni din morți, nu făcuse minuni și nu predicase niciun mesaj remarcabil. Cu toate acestea, Dumnezeu L-a numit „Preaiubit" și a mai spus: „în Tine Îmi găsesc toată plăcerea Mea!"

Dumnezeu ne spune nouă - fiii și fiicele Sale - exact ceea ce i-a spus Fiului Său acum 2.000 de ani. Noi suntem copiii Lui și El Își găsește toată plăcerea în noi. Când nu vom mai auzi acest lucru ca pe un simplu adevăr intelectual și Îi vom permite Duhului lui Dumnezeu să îl stabilească în inimile noastre, viețile ni se vor schimba pentru totdeauna. Faptul că suntem ancorați în acest adevăr ne va anula tendința de a face performanțe pentru oameni pentru a le obține acceptarea. Dragostea și acceptarea care vin de la Dumnezeu nu se bazează pe „faptele noastre bune", pe neprihănirea sau pe performanțele noastre, ci pe simplul fapt că le primim ca pe niște daruri de la El.

Unul dintre motivele pentru care autorii Scripturii includ rugăciunile în Biblie este că Dumnezeu vrea ca noi să le rostim pentru ca El să răspundă la acestea! Una dintre cele mai puternice rugăciuni apostolice din Biblie se găsește în Efeseni 3 și se referă la cunoașterea dragostei Tatălui într-un mod personal. Permite-mi să te încurajez să citești Efeseni 3:14-21 ca și cum acest pasaj ar fi fost scris special pentru tine - pentru că așa este!

> „și-L rog ca, potrivit cu bogăția slavei Sale, să vă facă să vă întăriți în putere, prin Duhul Lui, în omul dinăuntru, așa încât Hristos să locuiască în inimile voastre prin credință; pentru ca, având rădăcina și temelia pusă în dragoste, să puteți pricepe împreună cu toți sfinții care este lărgimea, lungimea, adâncimea și înălțimea; și să cunoașteți dragostea lui Hristos care întrece orice cunoștință, ca să ajungeți plini de toată plinătatea lui Dumnezeu. Iar a Celui ce, prin puterea care lucrează în noi, poate să facă nespus mai mult decât cerem sau gândim noi, a Lui să fie slava în Biserică și în Hristos Isus, din neam în neam, în vecii vecilor! Amin."
>
> Efeseni 3:14-21

La începutul acestei frumoase rugăciuni, vedem că facem parte din familia lui Dumnezeu; suntem copiii Lui, iubiți și acceptați, pentru că Îi aparținem Lui. Trebuie să înțelegem acest lucru, să îl îmbrățișăm și să trăim continuu într-o revelație continuă a acestuia. Pavel se roagă nu ca noi să avem o înțelegere intelectuală și să ne crească cunoștințele, ci să fim întăriți în „omul dinăuntru", adică în centrul ființei noastre. Acest tip de putere interioară vine din faptul că avem rădăcina și temelia pusă în dragostea lui Dumnezeu prin experiență, nu doar prin informații.

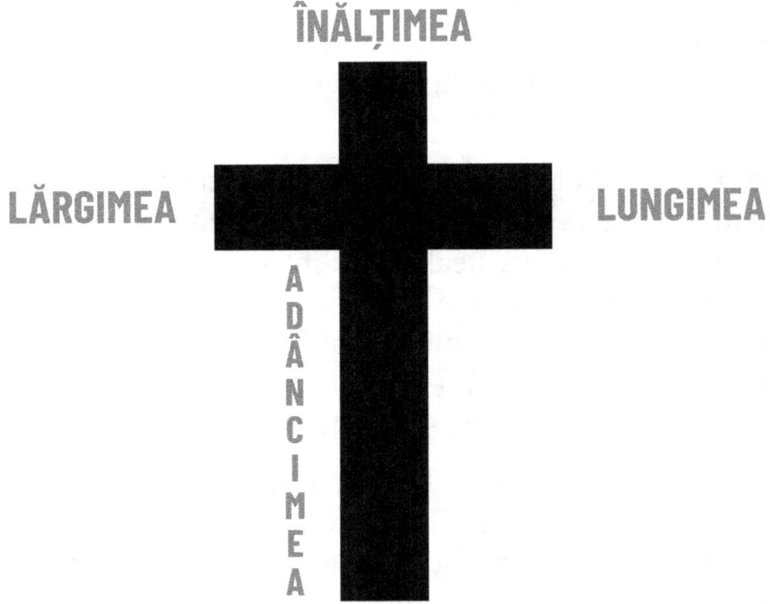

Această diagramă ne arată ce înseamnă să ai rădăcina și temelia pusă în dragoste și să înțelegem lărgimea, lungimea, adâncimea și înălțimea dragostei lui Hristos și a plinătății lui Dumnezeu.

REZUMAT

Nu există nimic în această lume ca experimentarea dragostei necondiționate a lui Dumnezeu. Dragostea Lui se extinde mai departe decât lărgimea cerurilor. Ea este mai profundă decât cea mai adâncă mare. Este mai puternică decât o furtună dezlănțuită și mai aproape de tine decât bătăile inimii din pieptul tău. Să experimentezi dragostea Sa este ca și cum ai deveni nou iar și iar, și nimic nu ne poate despărți vreodată de dragostea Sa. Cu fiecare experimentare a afecțiunii Sale, respingerea din trecut se vindecă, iar inimile ne sunt restaurate și readuse la dragostea desăvârșită a lui Dumnezeu, în care suntem acceptați așa cum suntem.

Atunci când căutăm să-L cunoaștem cu adevărat pe Dumnezeu, ajungem să avem experiențe cu dragostea Sa, pentru că aceasta este El. Să cunoști dragostea, înseamnă să-L cunoști pe Dumnezeu, deoarece fiecare fărâmă de dragoste adevărată vine din El. În 1 Ioan 4:16, scrie: „Și noi am cunoscut și am crezut dragostea pe care o are Dumnezeu față de noi. Dumnezeu este dragoste; și cine rămâne în dragoste rămâne în Dumnezeu, și Dumnezeu rămâne în el."

♥ PUNE LA INIMĂ

Poate că este timpul să „(crezi) dragostea pe care o are Dumnezeu față de noi." Nu mă îndoiesc că, pe parcursul acestui capitol, Duhul Sfânt ți-a vorbit și te-a atras în locul în care să-I conștientizezi dragostea. Oare nu este timpul să încetezi să te mai întrebi dacă ești iubit și, în schimb, să cauți fața Tatălui ceresc pentru a ști fără nicio umbră de îndoială că El te iubește nebunește? Fă-ți timp să aștepți în tăcere înaintea Sa și cere-I să te atragă la adevărul dragostei Sale uimitoare și a tânjirii Sale după tine.

Dragă Tată,

văd acum că dragostea Ta este necondiționată și dăruită în mod gratuit. Nu pot face nimic ca să câștig sau să merit această dragoste. Iartă-mă că am făcut din ea o performanță. Îți mulțumesc că această dragoste și milă nelimitate îmi sunt acordate în fiecare zi din viața mea. Îți mulțumesc pentru sacrificiul suprem al lui Isus pe cruce cu scopul de a mă aduce în relația cu tine. Mă rog să-mi ancorezi inima în inima Ta și să experimentez lărgimea, lungimea, adâncimea și înălțimea dragostei Tale, acceptând-o complet și având pentru totdeauna rădăcina și temelia pusă în Hristos.

În Numele lui Isus. Amin!

Cum să crezi și să rămâi în Cuvântul lui Dumnezeu

În multe privințe, viața creştină este o bătălie care se dă pentru ceea ce credem. Avem un vrăjmaş foarte real, care este autorul minciunii şi care caută mereu să conteste şi să discrediteze Cuvântul lui Dumnezeu în viața noastră. El a contestat cuvântul pe care Dumnezeu I L-a spus lui Isus. În Matei 4, Biblia consemnează faptul că Isus a fost condus de Duhul Sfânt în pustiu ca să fie ispitit de diavolul. Cum a răspuns Isus? Cu Cuvântul lui Dumnezeu! La fiecare ispită, El a răspuns: „Este scris...", „Este scris...", „Este scris..." şi apoi a declarat adevărul Scripturilor.

Aşadar, întrebarea este: Ce crezi? Cuvântul lui Dumnezeu? Este el adânc imprimat în sufletul şi duhul tău? Sau crezi ceea ce îţi spune vrăjmaşul? Crezi în experienţele tale sau în ceea ce îţi prezintă alţi oameni ca fiind adevărul? Provocarea pentru tine este aceeaşi ca şi pentru Isus. Vrei să stai, să te ţii tare şi să crezi că singura sursă reală de adevăr care există este Cuvântul lui Dumnezeu? Vei fi eliberat crezând adevărul lui Dumnezeu? Sau vei rămâne în robia minciunilor vrăjmaşului?

> „Şi a zis iudeilor care crezuseră în El: 'Dacă rămâneţi în Cuvântul Meu, sunteţi în adevăr ucenicii Mei; veţi cunoaşte adevărul, şi adevărul vă va face slobozi.'"
>
> Ioan 8:31-32

Dar cum dezvoltăm acel loc al înțelegerii sau al cunoașterii, astfel încât să fim ancorați în adevăr, care să nu fie doar un loc de asentiment intelectual?

Ai auzit expresia „a rămâne în Cuvântul lui Dumnezeu"? Știi ce înseamnă asta? În Ioan 15:7, scrie: „Dacă rămâneți în Mine și dacă rămân în voi cuvintele Mele, cereți orice veți vrea, și vi se va da." Iar în Ioan 15:10, Isus a vorbit despre „a rămâne": „Dacă păziți poruncile Mele, veți rămâne în dragostea Mea, după cum și Eu am păzit poruncile Tatălui Meu și rămân în dragostea Lui." Folosirea cuvântului „a rămâne" aici înseamnă să te supui *în mod constant* Cuvântului lui Dumnezeu.

Biblia însăși ne învață cum trebuie să rămânem în Cuvântul lui Dumnezeu. Iată alte cuvinte pe care Biblia le folosește în afară de „a rămâne" pentru a conferi profunzime și o mai mare înțelegere a ceea ce înseamnă acest termen: „a rămâne" (1 Ioan 2:14), „a cugeta" (Psalmul 1:2), „a înțelege" (2 Timotei 2:7), „a adânci privirile" (Iacov 1:25), „a locui" (Ieremia 2:31), „a lega" (Deuteronom 6:8), „a primi" și „a cerceta" (Faptele apostolilor 17:11), „a strânge" (Psalmul 119:11) și chiar „a mânca" (Ieremia 15:16). Da, „**a mânca**" - Cuvântul lui Dumnezeu este pâinea de care sufletele noastre au nevoie disperată pentru a trăi.

„A rămâne" înseamnă a fi într-un loc unde cineva rămâne aproape, unde o relație este susținută și unde există un sentiment profund de a locui și de a dăinui care aduce o mare pace și bucurie.

„A rămâne" înseamnă, de asemenea, „ședere" (cu sens de sejur, n. tr.). Adesea credem că asta înseamnă a hoinări sau a face o călătorie, dar de fapt înseamnă și „a locui" sau „a rămâne". În Cuvântul lui Dumnezeu, rămânerea, sau șederea, nu înseamnă a parcurge rapid paginile sau a-l citi așa cum citim de obicei, ci a ne concentra cu atenție asupra lui și a lăsa ca principiile din el să se stabilească în inimile noastre. Acest lucru înseamnă să ne adâncim cu adevărat în Cuvânt și să petrecem timp absorbind adevărul din el - citind, studiind, rugându-ne și aplicându-l în viața noastră.

Un alt mod de a ne gândi la „rămânerea în Cuvânt" este să ne referim la aceasta ca la „meditarea" la Cuvânt. Meditația biblică este diferită de practicile meditative ale religiilor orientale. Meditația orientală se bazează pe „golirea de sine", în timp ce meditația biblică implică concentrarea activă și agresivă asupra lui Dumnezeu Însuși și a Cuvântului Său. Aceasta înseamnă să îți torni din nou și din nou în minte o frază sau un adevăr biblic și să îl repetați continuu, rostindu-l. Cuvântul lui Dumnezeu este „insuflat", ceea ce înseamnă că a fost inspirat de Dumnezeu - fiecare cuvânt din Biblie vine literalmente din gura lui Dumnezeu, iar atunci când rostești Cuvântul, declari ceea ce Dumnezeu a rostit deja!

În Romani 10:17, scrie: „Astfel, credința vine în urma auzirii; iar auzirea vine prin Cuvântul lui Hristos." Cel mai bun mod de a auzi Cuvântul lui Dumnezeu este de pe propriile tale buze.

„Scopul meditației este ca adevărul lui Dumnezeu să ți se întipărească adânc în inimă."

Pentru a practica adevărata meditație biblică, ia un verset sau un pasaj din Scriptură și începe să îl repeți. Adaugă-ți-l în memorie și citează-l de mai multe ori pe zi. Dar nu te rezuma doar la a-l rosti, ci gândește-te la el și cere-I Duhului Sfânt să îl facă viu în tine. Este posibil să meditezi asupra aceluiași pasaj timp de zile, săptămâni sau chiar luni întregi. Acesta este un lucru bun; scopul este ca adevărul lui Dumnezeu să ți se întipărească adânc în inimă.

Când știm cum să rămânem în Cuvânt, să medităm la adevăr și să ne punem Cuvântul Său în inimi, minciunile vrăjmașului vor fi sfărâmate și înlocuite cu adevărul care ne face liberi. În prima sa epistolă, apostolul Ioan scrie către trei tipuri de oameni, nu trei grupe cronologice de vârstă, ci oameni aflați la trei niveluri diferite de maturitate spirituală:

> „Vă scriu, copilașilor, fiindcă păcatele vă sunt iertate pentru Numele Lui. Vă scriu, părinților, fiindcă ați cunoscut pe Cel ce este de la început. Vă scriu, tinerilor, fiindcă ați biruit pe cel rău. V-am scris, copilașilor, fiindcă ați cunoscut pe Tatăl. V-am scris, părinților, fiindcă ați cunoscut pe Cel ce este de la început. V-am scris, tinerilor, fiindcă sunteți tari, și Cuvântul lui Dumnezeu rămâne în voi, și ați biruit pe cel rău."
>
> 1 Ioan 2:12-14

În acest pasaj, vedem că cheia pentru a-l învinge pe cel rău este ca Cuvântul lui Dumnezeu să rămână în noi, iar noi să rămânem în Cuvânt. Cu adevărat, singurul mod de a deveni puternic și curajos și de a trăi având puterea de a birui este să rămânem în Cuvântul lui Dumnezeu și să credem adevărul conținut în el. Acesta este locul în care creștem în neprihănire, înțelegere și autoritate și descoperim că aducem roade și că avem un impact asupra lumii din jurul nostru. Rămânerea ne unește inima cu cea a lui Dumnezeu și ne poziționează pe temelia de neclintit a Cuvântului Său. Ea ne aduce în locul în care ne face liberi să fim tot ceea ce El a intenționat pentru noi, copiii Săi.

Dragostea adevărată dezvăluită

Dorința cea mai adâncă din inima fiecărui om (bărbat, femeie sau copil) este aceea de a fi iubit. Ai fost creat ca în esență să ai dorința de a fi văzut cu adevărat, cunoscut cu adevărat și iubit necondiționat.

Dumnezeu vrea să vindece locurile rănite şi să îţi deschidă ochii să experimentezi cum este adevăratul tău Tată. El este puternic. Este bun. Este înţelept. Este grijuliu. Este aproape. Cel mai important, El este pentru tine. Întotdeauna. Este esenţial pentru viaţa noastră de credincioşi să fim capabili să primim dragostea Tatălui, în mod experimental, nu doar intelectual. Dar avem nevoie de mult mai mult decât să ni se spună că ar trebui să Îi primim dragostea; avem nevoie să cunoaştem paşii practici care ne vor permite să facem acest lucru. Trebuie să ştim cum să primim dragostea Tatălui pentru prima dată, dar trebuie să ştim şi cum să trăim o viaţă de primire constantă a dragostei lui Dumnezeu, deoarece nu vom ajunge niciodată în punctul în care să nu mai avem nevoie de ea. Întotdeauna avem nevoie de mai mult din ea, iar Dumnezeu vrea să experimentăm această dragoste printr-o revelaţie continuă cât timp vom trăi pe acest pământ.

„Dumnezeu vrea să experimentăm această dragoste ca pe o revelaţie continuă cât timp vom trăi pe acest pământ.”

Aşa cum am împărtăşit, locul rămânerii în Cuvântul lui Dumnezeu este cheia pentru a primi orice adevăr spiritual şi pentru a înţelege şi a îmbrăţişa dragostea Tatălui. Acest adevăr este cel care ne face liberi. Dar lucrarea împărăţiei întunericului se concentrează pe menţinerea noastră în robie. Isus a spus:

> „Voi aveţi de tată pe diavolul; şi vreţi să împliniţi poftele tatălui vostru. El de la început a fost ucigaş; şi nu stă în adevăr, pentru că în el nu este adevăr. Ori de câte ori spune o minciună, vorbeşte din ale lui, căci este mincinos şi tatăl minciunii.”
>
> Ioan 8:44

Te-ai trezit vreodată spunând: „O, ştiu că Dumnezeu îl iubeşte pe cutare şi cutare, dar nu cred cu adevărat că pe mine mă iubeşte!”?

Ai fost atins de durere sau de o tragedie? Sau simți că rugăciunile tale nu au primit răspuns? Diavolul vrea să crezi cât mai multe minciuni cu putință despre bunătatea sau prezența lui Dumnezeu. Cu siguranță vrea să crezi minciuna că Dumnezeu nu te iubește sau că Dumnezeu îi iubește pe toți ceilalți de pe pământ, în afară de tine.

Toate acestea sunt minciuni - suntem bombardați zilnic de ele. Dar Dumnezeu a făcut o cale ca noi să credem adevărul - înlocuind minciunile cu Cuvântul Său infailibil. Putem sfărâma această robie prin ascultarea de ceea ce Isus ne-a învățat în Ioan 8:31-32 - rămânând în Cuvântul Său și crezând adevărul mai presus de orice altceva.

Prin Duhul Sfânt, care ne descoperă dragostea lui Dumnezeu, găsim încă o cheie pentru a primi dragostea Tatălui într-un mod personal. El este Cel care ne dă revelația dragostei lui Dumnezeu și o face reală în viața noastră. Când Dumnezeu a vrut să Îi confirme lui Isus că era Fiul Său preaiubit și că Tatăl Își găsea toată plăcerea în El, L-a trimis pe Duhul Sfânt.

> „După ce a fost botezat tot norodul, a fost botezat și Isus; și pe când Se ruga, s-a deschis cerul, și Duhul Sfânt S-a coborât peste El în chip trupesc, ca un porumbel. Și din cer s-a auzit un glas care zicea: „Tu ești Fiul Meu preaiubit: în Tine Îmi găsesc toată plăcerea Mea!""
>
> Luca 3:21-22

Duhul Sfânt este Duhul Adevărului. El este Dumnezeu. El spune adevărul și îl face real în inimile noastre și ne asigură de dragostea nesfârșită a lui Dumnezeu. Isus a vorbit astfel despre Duhul Sfânt în Ioan 16:13:

> „Când va veni Mângâietorul, Duhul adevărului, are să vă călăuzească în tot adevărul; căci El nu va vorbi de la El,

ci va vorbi tot ce va fi auzit și vă va descoperi lucrurile viitoare."

Iar apostolul Pavel afirmă rolul de „Ajutor" al Duhului Sfânt în 2 Corinteni 3:17-18:

> „Căci Domnul este Duhul; și unde este Duhul Domnului, acolo este slobozenia. Noi toți privim cu fața descoperită, ca într-o oglindă, slava Domnului, și suntem schimbați în același chip al Lui, din slavă în slavă, prin Duhul Domnului."

Conform Romani 8:15, Duhul Sfânt este Duhul înfierii: „Și voi n-ați primit un duh de robie, ca să mai aveți frică; ci ați primit un duh de înfiere care ne face să strigăm: 'Ava!, adică: Tată.'" Duhul Sfânt ne permite să Îl numim pe Dumnezeu „Tată" (literal, „tăticule"), ceea ce reprezintă o parte extrem de importantă pentru a primi dragostea Tatălui și pentru a avea inimile fixate pe identitatea noastră în Hristos.

Având perspectiva corectă

De-a lungul Evangheliilor, Isus face peste 150 de referiri la Dumnezeu ca la un tată. Poporul evreu din acea vreme găsea această imagine a lui Dumnezeu Tatăl destul de diferită de modul lor tradițional și de scrierile lor tradiționale și erau chiar ezitanți oarecum să-L numească Tatăl lor. Isus S-a referit la Dumnezeu folosind un limbaj mai informal și mai intim, invitându-ne chiar să Îl recunoaștem pe Dumnezeu ca „Abba, Tată" („Tătic") în Galateni 4:6-7.

Să avem o perspectivă corectă asupra lui Dumnezeu ca Tată este o cheie importantă pentru a-I primi dragostea. De multe ori, adesea fără să ne dăm seama, proiectăm asupra Tatălui nostru ceresc imaginea pe care o avem cu privire la tații noștri pământești. De exemplu, oamenii ai căror tați pământești erau furioși, au tendința de a crede că Dumnezeu este furios. Persoanele ai căror tați pământești au fost pasivi, pot avea dificultăți în a crede că Dumnezeu este interesat de viața lor și că va interveni în favoarea lor. Chiar și cei care au avut tați pământești buni, vor proiecta imaginea pe care o au cu privire la tații lor asupra lui Dumnezeu. Iar aceste imagini, deși pozitive, nu sunt perfecte și nu Îl reprezintă cu exactitate pe Dumnezeu. Orice proiecție a unui tată uman este distorsionată în raport cu Dumnezeu.

> *„Esența a ce înseamnă cu adevărat un tată se găsește în cele din urmă în Dumnezeu și nu în forma umană.”*

Adevărul fundamental aici este că Dumnezeu, în toată puterea și gloria Sa, este cel mai bine înțeles ca un Tată iubitor și intim, iar esența a ce înseamnă cu adevărat un tată se găsește în cele din urmă în Dumnezeu și nu în forma umană.

Deși nu vrem să ne facem din eșecurile, atitudinile, neajunsurile sau păcatele părinților noștri pământești punctul de interes, este important să înțelegem corelația în concepțiile greșite pe care cei mai mulți dintre noi le avem cu privire la Dumnezeu Tatăl din cauza comportamentului părinților noștri. Ia-ți un moment să te uiți la următorul tabel și cere-I Duhului Sfânt să-ți scoată în evidență convingerile pe care este posibil să le fi proiectat în mod greșit asupra lui Dumnezeu. El vrea să restabilească o perspectivă divină cu privire la cine este El ca Tată al nostru. Vrea să ne reprogrameze mintea astfel încât, atunci când ne gândim la El și ne raportăm la El, să avem o atitudine corectă a inimii și o înțelegere bazată pe realitatea a cine este El. Fie că ne dăm seama sau nu, cu toții purtăm influențe și amprente puternice din experiențele avute cu tații noștri naturali. Ne transferăm și purtăm atât de multe dintre acestea în viețile noastre spirituale cu Tatăl ceresc. Însă El nu este ca tatăl nostru pământesc. El este desăvârșit; este tot timpul bun; este plin de îndurare și har; iar natura Sa este **dragostea**.

Atunci când perspectiva noastră este aliniată cu Isus, Îl vedem pe Tatăl. Vedem dintr-un punct de vedere diferit, vedem lucrurile cu exactitate așa cum sunt cu adevărat, și atunci ne putem vedea pe noi înșine ca fiind cine am fost meniți să fim. În Ioan 14:8, Filip a venit la Isus și L-a întrebat: „Doamne, arată-ne pe Tatăl", iar răspunsul lui Isus a fost:

„Atunci când perspectiva noastră este aliniată cu Isus, Îl vedem pe Tatăl."

> „De atâta vreme sunt cu voi și nu M-ai cunoscut, Filipe? Cine M-a văzut pe Mine a văzut pe Tatăl. Cum zici tu, dar: 'Arată-ne pe Tatăl'?"
>
> Ioan 14:9

Apostolul Pavel afirmă, de asemenea, că perspectiva corectă asupra Tatălui vine în urma faptului că ne-am ațintit privirea asupra lui Isus. În Coloseni 1:15, el scrie: „El este chipul Dumnezeului celui nevăzut, Cel întâi născut din toată zidirea."

COMPORTAMENTUL PĂRINTELUI	CONCEPȚIE GREȘITĂ DESPRE DUMNEZEU
1. Legalist • disciplinator dur	1. Dumnezeu este nervos • autoritar • impersonal • exigent
2. Perfecționist • obiective extrem de înalte • puține laude sau afirmații	2. Dumnezeu nu este niciodată mulțumit • mereu dezamăgit și supărat pe mine

3.	Puţină afecţiune sau deloc	3.	Dumnezeu este impersonal, distant
4.	Critic • abuziv verbal	4.	Dumnezeu este furios • îi suportă pe oameni, dar nu îi iubeşte cu adevărat
5.	Dependent de muncă • focalizarea îi era departe de copii şi în afara casei	5.	Dumnezeu este detaşat şi nepăsător • este dificil să Îi atragi atenţia lui • chiar nu sunt important pentru El
6.	Abuziv • dominator	6.	Dumnezeu conduce prin frică • chiar dacă trebuie să mă supun Lui, nu am cu adevărat încredere în El
7.	Capricios • temperamental	7.	Dumnezeu este imprevizibil • într-o zi mă iubeşte, a doua zi este furios şi ameninţător
8.	Păcătos • imoral • standard scăzut de disciplină şi comportament	8.	Când spune ceva, Dumnezeu nu vorbeşte serios • Dumnezeu este extrem de milostiv şi este uşor de manipulat • nu trebuie să mă tem de El
9.	Sufocant • linguşitor • te răsfăţa şi nu îţi spunea niciodată „nu"	9.	Dumnezeu există pentru mine • singurul lucru care contează este lumea mea • Dumnezeu trebuie să se conformeze nevoilor şi dorinţelor mele

10.	A avut copii preferați • te-a comparat cu frații și cu alții din jur	10.	Dumnezeu are favoriți • îi iubește pe „oamenii buni" mai mult decât pe păcătoși • mă iubește pe baza performanțelor mele
11.	A făcut promisiuni și nu le-a respectat • a dat avertizări pe care nu le-a urmat	11.	Dumnezeu nu este de încredere și este necredincios • îmi este dificil să cred în Cuvântul Său
12.	A fost ipocrit • a trăit acasă într-un fel și în public în alt fel	12.	Dumnezeu nu este puternic sau relevant • religia este pentru scopuri sociale și speciale • nu are legătură cu viața mea

* *„Freedom From Your Past"*, Jimmy Evans și Ann Billington, TX: Majestic Media, 1994, 2006, pp. 130-131.

Singurul mod de a-L vedea pe Dumnezeu ca pe Tatăl tău ceresc, de a intra și de a rămâne într-o relație profundă și plină de dragoste cu El având perspectiva corectă, este să-L cunoști pe Domnul Isus. „totuși pentru noi nu este decât un singur Dumnezeu: Tatăl, de la care vin toate lucrurile și pentru care trăim și noi, și un singur Domn: Isus Hristos, prin care sunt toate lucrurile, și prin El și noi." (1 Corinteni 8:6)

Permite-mi să te încurajez să petreci timp în Cuvântul lui Dumnezeu, cerându-I Duhului Sfânt să aducă ajustare și corecție perspectivei tale greșite cu privire la Divinitate. Citește cartea lui Ioan, o carte frumoasă care te va conduce în locuri profunde de înțelegere a dragostei uimitoare a lui Dumnezeu și a proiectului Său pentru viața ta în calitate de fiu sau fiică. Îl vei vedea ca pe un Tată bun, bun, iar inima, viața și perspectiva îți vor fi schimbate pentru totdeauna!

Necesitatea iertării

Biblia ne spune că Dumnezeu este dragoste, iar o parte din natura Sa de Dumnezeu al dragostei este de a ierta păcatele. Ioan spune că modul în care Dumnezeu Și-a manifestat sau demonstrat dragostea față de noi, a fost să-L trimită pe Fiul Său, Isus:

> „Cine nu iubește n-a cunoscut pe Dumnezeu; pentru că Dumnezeu este dragoste. Dragostea lui Dumnezeu față de noi s-a arătat prin faptul că Dumnezeu a trimis în lume pe singurul Său Fiu, ca noi să trăim prin El."
>
> 1 Ioan 4:8-9

> „Căci toți au păcătuit și sunt lipsiți de slava lui Dumnezeu."
>
> Romani 3:23

> „Vă scriu, copilașilor, fiindcă păcatele vă sunt iertate pentru Numele Lui."
>
> 1 Ioan 2:12

Orice ființă umană se naște în păcat, cu o natură păcătoasă. Această natură păcătoasă rămâne cu noi până când acceptăm, prin credință, că Isus ne-a luat păcatul și a plătit pentru el cu moartea Sa pe crucea de la Calvar. Noi nu putem, în niciun fel, să plătim pentru păcatul nostru. Doar Isus putea face acest lucru, și a făcut-o pe Cruce. Moartea Sa ne-a adus iertarea. Ne-a îndepărtat complet păcatul. Iertarea completă este disponibilă tot timpul, indiferent unde ne aflăm, indiferent de etapa sau vârsta din viață și indiferent de gradul păcatelor pe care le-am săvârșit. Tot ce trebuie să facem este să primim, prin credință, iertarea lui Dumnezeu.

Unul dintre primii pași ai credinței este să fii capabil să accepți și să primești iertarea lui Dumnezeu și, dacă este un lucru atât de important pentru viața noastră de creștini, de ce este uneori atât de dificil de făcut? Ne chinuim pentru că vrăjmașul ne asaltează continuu mintea cu gânduri legate de trecutul nostru. El ne

„Noi contracarăm atacul vrăjmaşului cu o încredere de nezdruncinat în faptul că suntem iertaţi.”

aminteşte în mod constant de lucrurile pe care le-am făcut şi subliniază cât de rele au fost! Ne face să ne simţim vinovaţi, ceea ce înseamnă că regretăm că am făcut ceva greşit. De asemenea, el ne face să ne simţim ruşinaţi, acesta fiind sentimentul că „suntem” greşiţi - că existthe ceva defect în noi. Singura modalitate de a contracara acest tip de atac este să îl întâmpinăm cu o încredere de nezdruncinat în faptul că suntem iertaţi! Nu este suficient să ştim acest lucru din punct de vedere intelectual, ci trebuie să-I îmbrăţişăm iertarea şi să o avem fixată ferm în inimile noastre. Odată ce primim această iertare, Dumnezeu alege să nu-Şi mai amintească de păcatele noastre. NICIODATĂ!

Un aspect important al primirii dragostei Tatălui este să îmbrăţişăm iertarea nemeritată pe care Dumnezeu ne-o oferă în mod gratuit când păcătuim, să-i iertăm pe ceilalţi când păcătuiesc împotriva noastră şi să ne iertăm pe noi înşine. Măsura sau dimensiunea în care Dumnezeu trăieşte în noi este măsura sau dimensiunea în care Îi experimentăm personal dragostea şi putem să-I arătăm dragostea altora. Pentru a primi şi a umbla continuu într-o revelaţie continuă a dragostei lui Dumnezeu, nu numai că trebuie să cunoaştem iertarea lui Dumnezeu, dar trebuie să şi arătăm dragoste şi iertare celorlalţi. Acest lucru nu este opţional. Trebuie să-i iertăm pe toţi (da, pe toţi) care ne-au rănit sau ne-au jignit în vreun fel. Asta ne porunceşte Isus să facem. Observă cât de strâns Îşi leagă Dumnezeu dragostea faţă de noi de dragostea noastră unii faţă de alţii:

> „Preaiubiţilor, dacă astfel ne-a iubit Dumnezeu pe noi, trebuie să ne iubim şi noi unii pe alţii. Dacă zice cineva:

'Eu iubesc pe Dumnezeu', și urăşte pe fratele său, este un mincinos; căci, cine nu iubeşte pe fratele său, pe care-l vede, cum poate să iubească pe Dumnezeu, pe care nu-L vede? Şi aceasta este porunca pe care o avem de la El: cine iubeşte pe Dumnezeu iubeşte şi pe fratele său."

1 Ioan 4:11, 20, 21

„Atunci Petru s-a apropiat de El şi I-a zis: 'Doamne, de câte ori să iert pe fratele meu când va păcătui împotriva mea? Până la şapte ori?' Isus i-a zis: 'Eu nu-ţi zic până la şapte ori, ci până la şaptezeci de ori câte şapte.'"

Matei 18:21-22

„Şi, când staţi în picioare de vă rugaţi, să iertaţi orice aveţi împotriva cuiva, pentru ca şi Tatăl vostru care este în ceruri să vă ierte greşelile voastre. Dar, dacă nu iertaţi, nici Tatăl vostru care este în ceruri nu vă va ierta greşelile voastre."

Marcu 11:25-26

Cum rămâne cu problema serioasă a iertării... PROPRIEI PERSOANE? De multe ori, credincioşii au impresia că este suficient să primească iertarea lui Dumnezeu şi să LE acorde iertare altora. Aşa să fie oare? Nu. Pavel ne spune clar că: „Acum, dar, nu este nicio osândire pentru cei ce sunt în Hristos Isus." (Romani 8:1) De asemenea, el spune că „...dacă este cineva în Hristos, este o făptură nouă. Cele vechi s-au dus: iată că toate lucrurile s-au făcut noi." (2 Corinteni 5:17) Poţi să crezi că TOATE păcatele ţi-au fost spălate? Aceasta este o iertare autentică.

Este imperativ să ne iertăm şi pe noi înşine. Majoritatea credincioşilor consideră că acest aspect al iertării este cel mai dificil dintre toate. Când Isus îţi spune să ierţi, El Se referă la oricine te-a rănit, ţi-a cauzat durere sau nedreptate sau a comis greşeli - asta te include şi pe tine însuţi! Vrăjmaşul este atât de viclean şi înşelător! El revarsă asupra noastră vinovăția și rușinea în moduri extrem de intense și ne condamnă de lucruri pe care ni le-am făcut chiar noi înșine. Dar, prin Isus, biruim toate aceste minciuni și atacuri ale vrăjmașului. Cum? Ne întărim și stăm în adevărul că Dumnezeu ne iubește profund și că ne-a iertat total, complet.

„Când Isus îți spune să ierți, El Se referă la oricine te-a rănit - inclusiv tu însuți."

REZUMAT

Nimic care să aibă vreo semnificație spirituală, de durată, nu este posibil fără să credem și să rămânem în Cuvântul lui Dumnezeu (Isus). În acest capitol, am vorbit pe larg despre importanța primirii dragostei Tatălui în mod experimental și personal - nu doar intelectual. Iar magnitudinea rolului pe care această experiență a dragostei lui Dumnezeu îl va avea în viața ta este, fără îndoială, supranaturală și veșnică.

Cheile importante pentru a primi dragostea lui Dumnezeu și pentru a rămâne sigur cu privire la ea, înconjurați de prezența Sa și trăind o viață pe deplin asigurată de providența Sa plină de îndurare, sunt următoarele:

1. Rămâi în Cuvântul Său. Exersează meditația asupra Scripturilor, cerându-I Domnului să îți imprime în inimă adevărul conținut în paginile lor, demascând și frângând orice minciună a vrăjmașului.

2. Îmbrățișează persoana Duhului Sfânt. Experiența dragostei lui Dumnezeu se revarsă prin Duhul Sfânt, pe măsură ce El ne deschide ochii inimii să vedem frumusețea lui Dumnezeu.

3. Hotărăște-te să ai perspectiva corectă cu privire la Dumnezeu ca Tată. Indiferent de experiențele pe care le-ai avut cu tatăl tău pământesc, poți trăi cu o perspectivă sănătoasă, vindecată și reînnoită a singurului Dumnezeu adevărat, care este îndurător și iertător și care iubește fără măsură.

În cele din urmă, susținerea unui stil de viață de iertare - față de Dumnezeu, față de alții și față de tine însuți – atrage după sine promisiunea mângâierii, vindecării, bucuriei și libertății. În Matei 6, în cadrul Predicii de pe Munte, Isus ne-a arătat rugăciunea pe care să o rostim atunci când mergem înaintea Tatălui, spunând:

„Susținerea unui stil de viață de iertare... atrage după sine promisiunea mângâierii, vindecării, bucuriei și libertății.”

„Tatăl nostru care ești în ceruri... Și ne iartă nouă... precum și noi iertăm... ” (Matei 6:8-14)

El îți cere să-i ierți pe ceilalți ca Cerul să vină pe pământ prin acțiunile tale.

Fă-ți o practică din a ierta continuu și permite-I lui Dumnezeu să lucreze prin tine pentru a aduce în această lume care are nevoie disperată de un Mântuitor, mântuirea și o relație restaurată.

♥ PUNE LA INIMĂ

Pentru cei mai mulți dintre noi, decizia de a ierta nu este una ușoară. Durerea, rănile, respingerea, abandonul și atât de multe alte răni adânci și de lungă durată au fost implantate în mintea și în inima noastră, iar simpla amintire a acestora poate intensifica durerea. Dar adevărata libertate și vindecare și posibilitatea de a experimenta dragostea Tatălui vor veni doar atunci când vom lăsa acele persoane și evenimente în mâinile Sale. Ești pregătit să ierți și să primești tot ceea ce are Dumnezeu pentru tine?

Fă-ți timp să stai cu un pix și o foaie în mână și roagă-L pe Dumnezeu să-ți arate cine sunt oamenii care te-au rănit cel mai mult. Mama sau tatăl tău? Soțul sau soția? O soră sau un frate? Copiii? Prietenii? Un coleg de serviciu? Dumnezeu? În timp ce le scrii numele, roagă-L pe Dumnezeu să-ți dea curajul de a-l elibera pe fiecare în parte. Roagă-te cu cuvintele tale sau ia-te după rugăciunea de mai jos și, în timp ce o faci, inspiră valul proaspăt de vindecare pe care Duhul Sfânt îl aduce peste inima, mintea și sufletul tău.

ADU ÎNAINTEA LUI DUMNEZEU

Dragă Tată,

Îți mulțumesc că mă iubești prin tot păcatul meu și prin toate frânturile mele și Te rog să mă ajuți să-Ți primesc dragostea minunată într-un mod profund personal, prin puterea Duhului Sfânt. Ajută-mă să cunosc adevărul, să cred în adevăr și să-i permit adevărului să mă elibereze. Ajută-mă să îmbrățișez puterea Duhului Sfânt și să dobândesc perspectiva corectă asupra a ceea ce ești Tu, în calitate de Tată ceresc.

Ajută-mă să-Ți primesc iertarea și să îmi ofer iertare mie în-sumi și altora, astfel încât să pot primi pe deplin dragostea Ta și să umblu într-o revelație continuă a ei. Îți dau această listă de oameni (nume) care m-au rănit profund. Dau drumul durerii, amărăciunii și furiei resimțite față de ei.

Și aleg să-i iert. Primesc iertarea Ta și Îți încredințez inima mea.

Îți mulțumesc pentru curățarea, reîmprospătarea și reînnoirea inimii mele și pentru că mă eliberezi să pot iubi și să mă las iubit cu adevărat.

În Numele lui Isus. Amin!

Cum să-ți descoperi identitatea

Cu toții împărtășim esența umanității, dar suntem unici și trebuie să ne descoperim această identitate individuală și scopul vieții care decurge din ea. Identitatea nu se găsește în ceea ce facem, deși cea mai mare parte a lumii se concentrează pe acest lucru. Este ceva mai măreț - este ceva fundamental, specific și exclusiv personal pentru tine. Este o poziție pe care o ocupăm. Este o relație cu Dumnezeu, nu un lucru pe care îl găsești prin faimă, avere și putere.

Felul în care ne vedem pe noi înșine, sau ne vedem punctele forte, slăbiciunile, abilitățile, talentele, deficiențele și potențialul, determină atât de multe lucruri în viața noastră, în special felul în care Îl vedem pe Dumnezeu și ne raportăm la El și felul în care îi vedem pe cei din jurul nostru și ne raportăm la ei. Căpătăm sens și identitate îmbrățișând ceea ce suntem în Hristos. Dacă avem o imagine de sine negativă sau o percepție slabă despre noi înșine, nu suntem în acord cu modul în care ne vede Dumnezeu. Viața ne va fi afectată în mod negativ în multe feluri și nu vom putea să devenim tot ceea ce suntem destinați să fim. Chiar și capacitatea noastră de a primi dragostea Tatălui, de a umbla în adevărata noastră identitate în Hristos și de a împlini scopul lui Dumnezeu pentru viețile noastre, va fi grav afectată.

Este identitatea ta modelată de respingere? Cauți dragoste și acceptare din partea altor persoane? Te confrunți cu frica de oameni sau cu sentimentul că nu ești iubit, demn de a fi iubit sau de dorit? Sau identitatea îți este modelată de performanță (de ceea ce faci sau ai făcut)? Ți-ai bazat identitatea pe succese sau eșecuri, sau poate pe felul în care arăți sau pe performanțele tale? Poate că identitatea îți este modelată de trecutul tău sau de ceva ce ți s-a făcut. Te vezi ca pe un ratat sau un eșec? Poate că identitatea ți-a fost puternic influențată de ceva ce au spus părinții, frații sau cineva cu autoritate despre tine.

Pentru că nu cunoaștem sau nu credem întotdeauna adevărul despre identitatea noastră care ne face liberi, suntem adesea de acord cu ceea ce spune vrăjmașul despre noi sau cu ceea ce credem chiar noi despre noi înșine, în loc să ne vedem așa cum ne vede Dumnezeu - ca pe copiii Săi preaiubiți. Mulți credincioși cad în capcana de a crede trei minciuni specifice ale vrăjmașului. Aceste minciuni ne țin în robie și întrebându-ne dacă suntem iubiți, cine suntem și care este scopul nostru:

† Minciuna că suntem respinși în loc să fim acceptați.

† Minciuna că trebuie să facem performanță pentru a obține dragostea și acceptarea lui Dumnezeu în loc să o primim pur și simplu.

† Minciuna că trecutul nostru determină cine suntem în loc să trăim în prezent pentru că Dumnezeu ne iubește și ne-a iertat.

Cel care îți determină identitatea este Dumnezeu

Adevărata noastră identitate vine de la Cel care ne-a creat: Dumnezeu Însuși. Numai în Dumnezeu putem cunoaște cu adevărat, iubi și descoperi cine suntem cu adevărat și putem face ceea ce am fost creați să facem. *Cum te vezi pe tine însuți?*

Unul dintre cele mai bogate pasaje despre identitate din Biblie se găsește în Efeseni 1:3-14. În acest pasaj, Pavel se adresează bisericii din Efes, explicând noua identitate pe care o persoană o primeşte când este în Hristos. Acest pasaj ne spune că suntem:

† Binecuvântaţi cu tot felul de binecuvântări duhovniceşti, în locurile cereşti

† Aleşi înainte de întemeierea lumii

† Sfinţi şi fără prihană înaintea Lui în dragoste

† Rânduiţi mai dinainte să fim înfiaţi prin Isus Hristos

† Acceptaţi în Preaiubitul Lui

† Răscumpăraţi prin sângele lui Isus

† Iertaţi de păcate după bogăţia harului Său

† Făcuţi conştienţi de taina voii Sale, după buna Sa plăcere

† Moştenitori ai făgăduinţei

† Pecetluiţi cu Duhul Sfânt

Noi am primit nădejdea magnifică de a petrece veşnicia cu Dumnezeu. Când suntem în Hristos, ceea ce facem nu poate modifica aceste aspecte ale identităţii noastre.

Cuvântul lui Dumnezeu este plin de pasaje care ne afirmă identitatea în Hristos. Mai jos sunt enumerate câteva dintre ele. Ia-ţi timp să meditezi la ele şi lasă adevărul Cuvântului lui Dumnezeu să-ţi pătrundă în inimă şi în minte.

> „Şi voi n-aţi primit un duh de robie, ca să mai aveţi frică; ci aţi primit un duh de înfiere care ne face să strigăm: 'Ava!, adică: Tată!' Însuşi Duhul adevereşte împreună cu duhul nostru că suntem copii ai lui Dumnezeu. Şi, dacă suntem copii, suntem şi moştenitori: moştenitori ai lui Dumnezeu şi împreună moştenitori cu Hristos, dacă suferim cu adevărat împreună cu El, ca să fim şi proslăviţi împreună cu El."
>
> Romani 8:15-17

„... ne-a rânduit mai dinainte să fim înfiați prin Isus Hristos, după buna plăcere a voii Sale, spre lauda slavei harului Său pe care ni l-a dat în Preaiubitul Lui.”

Efeseni 1:5-6

„Dar, când a venit împlinirea vremii, Dumnezeu a trimis pe Fiul Său, născut din femeie, născut sub Lege, ca să răscumpere pe cei ce erau sub Lege, pentru ca să căpătăm înfierea. Şi, pentru că sunteți fii, Dumnezeu ne-a trimis în inimă Duhul Fiului Său care strigă: 'Ava', adică: 'Tată!' Aşa că nu mai eşti rob, ci fiu; şi, dacă eşti fiu, eşti şi moştenitor, prin Dumnezeu.”

Galateni 4:4-7

„Hoțul nu vine decât să fure, să înjunghie şi să prăpădească. Eu am venit ca oile să aibă viață, şi s-o aibă din belşug.”

Ioan 10:10

„În El avem răscumpărarea, prin sângele Lui, iertarea păcatelor, după bogățiile harului Său.”

Efeseni 1:7

„În care avem răscumpărarea, prin sângele Lui, iertarea păcatelor.”

Coloseni 1:14

„Pe Cel ce n-a cunoscut niciun păcat, El L-a făcut păcat pentru noi, ca noi să fim neprihănirea lui Dumnezeu în El.”

2 Corinteni 5:21

„Căci, dacă este cineva în Hristos, este o făptură nouă. Cele vechi s-au dus: iată că toate lucrurile s-au făcut noi.”

2 Corinteni 5:17

Permite-mi să te încurajez să foloseşti aceste pasaje uimitoare ca o formă de mărturisire şi să rosteşti binecuvântările lor peste viaţa ta. Fă-ţi un obicei din a le memora şi citeşte-le zilnic.

Atunci când ne vedem pe noi înşine aşa cum ne vede Dumnezeu, începem să operăm dintr-o nouă mentalitate, să dobândim o perspectivă biblică şi să luăm decizii din locul scopului nostru iniţial. Dacă ne considerăm liberi de condamnare, nu mai umblăm în ruşine. Dacă ne considerăm acceptaţi în Preaiubitul Lui, nu mai umblăm în respingere. Dacă ne considerăm iertaţi, nu mai încercăm să performăm sau să facem fapte prin care să devenim vrednici de dragostea Sa.

Adu-ţi aminte: „Astfel, credinţa vine în urma auzirii; iar auzirea vine prin Cuvântul lui Hristos." (Romani 10:17) Cel mai bun loc din care să „auzi" Cuvântul lui Dumnezeu este propria-ţi gură. Pe măsură ce vei continua să rosteşti versete biblice care declară cine eşti, vei începe să-ţi înnoieşti mintea cu adevărul Cuvântului lui Dumnezeu şi nu numai că te vei vedea diferit, dar vei acţiona diferit.

„Trăim într-o lume plină de provocări, care caută să ne definească după standardele ei."

Cu siguranţă că se duce o bătălie, deoarece trăim într-o lume plină de provocări, care caută să ne definească după standardele ei. Însă cu siguranţă bătălia merită, pentru că, pe măsură ce ducem acest război pentru identitatea noastră şi câştigăm, lumea din jurul nostru se schimbă, iar a noastră la fel.

REZUMAT

Pentru a trăi o viaţă sănătoasă, binecuvântată şi puternică în Hristos este fundamental să credem în adevărul despre identitatea noastră. Dar, pentru că nu cunoaştem întotdeauna adevărul care ne face liberi, suntem adesea de acord cu ceea ce spune vrăjmaşul despre noi sau cu ceea ce credem noi despre noi înşine, în loc să ne vedem aşa cum ne vede Dumnezeu.

Dumnezeu ți-a determinat deja identitatea; nu este ceva ce trebuie să descoperi tu de unul singur. El ne-a lăsat pasaje minunate peste tot în Cuvântul Său, astfel încât să poți nu numai să citeşti despre cine eşti în El, ci şi să-ți însuşeşti tot ceea ce El ți-a dat. Eşti iubit, acceptat, iertat, neprihănit şi multe altele.

 **PUNE LA INIMĂ**

S-ar putea să te fi luptat cea mai mare parte a vieții tale cu această problemă a identității. Este posibil să fi fost crescut într-un cămin bazat pe performanță sau să se fi întâmplat evenimente care păreau să te fi definit. Poate că te-ai „identificat" cu un anumit grup de oameni şi ți s-a părut că ți se potrivea, aşa că asta ai devenit. Identitatea este foarte importantă pentru cine suntem şi pentru deciziile pe care le luăm. Nu o putem găsi uitându-ne în interior sau în exterior, ci doar în sus. Există un singur loc care contează şi în care identitatea îți poate fi definită - în Hristos Isus.

Pe măsură ce ai citit acest capitol, fără îndoială ai fost provocat să îți analizezi viața în lumina Cuvântului lui Dumnezeu şi a înțelegerii sau neînțelegerii identității tale. În esență, ai fost creat după chipul Său „înainte de întemeierea lumii", iar acest lucru trebuie să devină ancora ta. Este timpul să păşeşti în identitatea lui Dumnezeu pentru viața ta de fiu sau de fiică şi să ți-o revendici.

🙏 ADU ÎNAINTEA LUI DUMNEZEU

Dragă Tată,
Îți mulțumesc că mă iubești și-mi stabilești identitatea pe care o ai pentru mine în Hristos. Te rog să-mi aduci adevărul în inimă pentru a mă elibera de orice percepție negativă pe care o am despre mine și să mă ajuți să-mi descopăr adevărata identitate. Te rog să mă faci să mă văd așa cum mă vezi Tu. Îți mulțumesc că sunt acceptat, că nu trebuie să fac performanță pentru a-Ți câștiga dragostea și că mă pot elibera de trecutul meu și pot trăi în prezent având un viitor minunat înaintea mea. În Numele lui Isus. Amin!

Identitatea adevărată începe la Cruce

Trebuie să înțelegem ce înseamnă să ne identificăm cu Isus Hristos pentru a putea înțelege beneficiile pe care le avem în El, pe măsură ce ne însușim pe deplin, complet, puterea Crucii.

În capitolul anterior, am discutat despre importanța de a avea o perspectivă corectă asupra a ceea ce suntem în Hristos. Dacă ne vedem pe noi înșine așa cum ne vede Dumnezeu, ca pe copiii Săi, vom trăi diferit și vom relaționa cu oamenii din jurul nostru într-un mod pozitiv. Dacă ne vedem așa cum vrea diavolul să ne vedem, vom trăi înfrânți și, prin urmare, vom reflecta acest lucru spre ceilalți.

> „Vedeți ce dragoste ne-a arătat Tatăl, să ne numim copii
> ai lui Dumnezeu!"
>
> 1 Ioan 3:1

În Romani 5:12-21, Pavel ne amintește că suntem născuți în păcat din cauza neascultării lui Adam, care a instalat în omenire plata și pedeapsa morții. Acest lucru a avut ca rezultat și faptul că păcatul lui Adam ne-a despărțit de părtășia cu Dumnezeu și a făcut ca toți cei care au venit după el să se nască cu o natură păcătoasă. Dar, prin faptul că Isus a plătit pentru păcat la Cruce, El a făcut posibilă nașterea din nou și repoziționarea noastră într-o relație cu Tatăl. Noi putem fi împăcați cu Dumnezeu prin lucrarea desăvârșită a lui Hristos pe Cruce, deoarece ne naștem din nou și primim iertarea păcatelor. Prin harul Său, primim darul fără de plată al mântuirii Sale și suntem strămutați din împărăția întunericului în plinătatea a tot ceea ce Isus a făcut pentru noi (Coloseni 1:13). Suntem iertați și nu mai suntem robii păcatului.

> „De aceea este scris: 'Omul dintâi, Adam, a fost făcut un suflet viu.' Al doilea Adam a fost făcut un duh dătător de viață. Dar întâi vine nu ce este duhovnicesc, ci ce este firesc; ce este duhovnicesc vine pe urmă. Omul dintâi este din pământ, pământesc; Omul al doilea este din cer."
>
> 1 Corinteni 15:45-47

Toți suntem „în Adam" până când ne naștem din nou și devenim „în Hristos". Pavel continuă să explice în Romani 6:1-14 ce înseamnă să ne identificăm pe deplin cu Hristos. Îndemnul nu este să nu continuăm în păcat pentru că, pur și simplu, suntem iertați, iar harul este disponibil pentru noi. În schimb, trebuie să ne identificăm complet cu Hristos și să ne considerăm morți față de păcat. Roagă-L pe Dumnezeu să-ți dea revelația adevărurilor pline de putere pe care Pavel le comunică pe măsură ce citești acest pasaj.

ÎN ADAM	ÎN HRISTOS
Neascultarea a produs păcatul	Ascultarea a produs harul
Păcatul a produs moartea	Harul a produs viața
Condamnarea și judecata	Neprihănirea și iertarea
Păcatul (moartea) s-a răspândit la toți	Viața a devenit disponibilă pentru toți

Așa cum ne identificăm cu moartea lui Hristos, trebuie să ne identificăm și cu învierea Sa. El a murit, dar a și înviat din mormânt și a frânt puterea păcatului care era asupra noastră atunci când eram „în Adam" și eram robii păcatului, ținuți în robie. Când Isus a murit, noi am murit împreună cu El. Când Hristos a înviat din morți, am înviat și noi împreună cu El. Când Hristos S-a înălțat la cer, noi ne-am înălțat împreună cu El și acum suntem așezați împreună cu El în locurile cerești. Identificarea noastră cu Hristos include răstignirea împreună cu El, îngroparea împreună cu El și învierea, înălțarea și glorificarea noastră împreună cu Hristos. Identificarea noastră cu Hristos este atât de completă,

„Identificarea noastră cu Hristos este completă... nu ar trebui să ne vedem pe noi înșine așa cum ne vede Dumnezeu?"

încât Dumnezeu consideră că am experimentat co-crucificarea, co-îngroparea, co-învierea, co-înălțarea și co-glorificarea. Acesta este felul în care ne vede Dumnezeu. Atunci nu ar trebui să ne vedem și noi în același fel?

> „Am fost răstignit împreună cu Hristos, și trăiesc... dar nu mai trăiesc eu, ci Hristos trăiește în mine. Și viața, pe care o trăiesc acum în trup, o trăiesc în credința în Fiul lui Dumnezeu care m-a iubit și S-a dat pe Sine însuși pentru mine."
>
> Galateni 2:20

Romani 6:11 ne oferă un principiu extraordinar cu privire la trăirea vieții creștine. Tot ce trebuie să facem este să ne considerăm morți față de păcat și vii față de Dumnezeu. Datorită a ceea ce a făcut Isus prin jertfa de la Cruce, am fost eliberați de păcat și de puterea păcatului, iar acum suntem vii în Hristos, după ce am fost eliberați să ducem o nouă viață, în puterea Duhului Sfânt.

Suntem în Hristos

> „El ne-a mântuit și ne-a dat o chemare sfântă, nu pentru faptele noastre, ci după hotărârea Lui și după harul care ne-a fost dat în Hristos Isus, înainte de veșnicii."
>
> 2 Timotei 1:9

Să fim „în Hristos Isus" este o realitate incredibilă. Este uluitor să fii unit cu Hristos; legat de El în dragoste. În toate scrierile sale, apostolul Pavel descrie minunea noii noastre identități „în El", „în Hristos". Efeseni 2:1-14 ne dezvăluie ce înseamnă adevărata noastră identitate:

† Ne-a adus la viață împreună cu Hristos

† Suntem mântuiți prin har

† Suntem așezați în locurile cerești în Hristos Isus

† Suntem lucrarea Lui, zidiți în Hristos pentru fapte bune

† Prin El avem intrare la Tatăl, într-un Duh

† Suntem cetățeni împreună cu sfinții lui Dumnezeu

† Suntem un Templu sfânt în Domnul

† Suntem un locaș al lui Dumnezeu, prin Duhul.

Dar ce înseamnă toate acestea și cum să ne însușim aceste promisiuni? Începem cu aceste versete din Romani:

> „Cuvântul este aproape de tine: în gura ta și în inima ta. Și cuvântul acesta este Cuvântul credinței, pe care-l propovăduim noi. Dacă mărturisești deci cu gura ta pe Isus ca Domn și dacă crezi în inima ta că Dumnezeu L-a înviat din morți, vei fi mântuit. Căci prin credința din inimă se capătă neprihănirea, și prin mărturisirea cu gura se ajunge la mântuire... Astfel, credința vine în urma auzirii; iar auzirea vine prin Cuvântul lui Hristos."
>
> Romani 10:8-10, 17

Cuvântul grecesc pentru „mărturisire" este „*homolegeo*" (Strong, nr. 3670). Acesta înseamnă „a spune același lucru" sau „a fi de acord, a declara". Ideea este că gura unei persoane comunică adevărata convingere și atitudine a inimii sale. Gura unei persoane dezvăluie cu exactitate credința și convingerea profundă a unei persoane. Acest pasaj ne dezvăluie că un creștin adevărat nu numai că crede în Isus, dar I se și supune Lui.

„... din prisosul inimii vorbește gura... ”
Luca 6:45

Este imperativ nu numai să credem, ci să ne și mărturisim credința. Încă o dată, trebuie să înțelegem că „credința vine în urma auzirii; iar auzirea vine prin Cuvântul lui Hristos." (Romani 10:17) Cel mai bun loc din care să auzi Cuvântul este propria-ți gură.

Noi biruim prin cuvântul mărturiei noastre. Nu uita, este foarte important să mărturisim ceea ce spune Cuvântul lui Dumnezeu despre promisiunile Sale și despre cine suntem noi. „Ei l-au biruit prin sângele Mielului și prin cuvântul mărturisirii lor, și nu și-au iubit viața chiar până la moarte." (Apocalipsa 12:11)

REZUMAT

Pentru a ne identifica cu Hristos și a avea posibilitatea să pășim în tot ceea ce Tatăl are în inima Sa pentru noi, trebuie să ne înțelegem adevărata identitate și să o avem bine stabilită. Suntem beneficiarii bunătății, harului, iertării, promisiunilor și dragostei Sale, plus multe altele din Împărăția pe care Dumnezeu a pregătit-o pentru noi.

Atunci când ne identificăm cu Hristos și suntem „în El", El ne arată prin harul Său magnific că mântuirea este a noastră și suntem strămutați din împărăția întunericului în plinătatea Împărăției Cerurilor. Suntem iertați prin Cruce, morți față de păcat și de puterea lui, și suntem aduși la viață pentru Dumnezeu.

Prin mărturisirea credinței noastre și prin faptul că ne punem încrederea doar în Dumnezeu, identitatea ne este stabilită pentru totdeauna și relația noastră cu Tatăl, Fiul și Duhul Sfânt este pecetluită pentru eternitate.

♥ PUNE LA INIMĂ

Nădejdea întregii lumi se bazează pe faptul că Isus a plătit pentru păcat la Cruce - un dar fără de plată pentru întreaga omenire - pentru a ne readuce într-o relație corectă cu Tatăl, care ne-a iubit atât de mult încât L-a dat pe singurul Său Fiu. Cuvintele: „S-a isprăvit!" au răsunat de-a lungul secolelor și au cucerit inimile celor flămânzi după vindecare, iertare, dragoste, adevăr și veșnicie. Prin harul lui Dumnezeu, prin jertfa lui Isus, am primit acest dar fără de plată și neprețuit al mântuirii și am fost transferați din împărăția întunericului în plinătatea Cerurilor. Viitorul tău, speranța ta, adevărata ta identitate îți sunt oferite astăzi. Dacă nu ai primit acest Dar prin credință, ia-ți ceva timp acum pentru a-L invita în viața și în inima ta.

🙏 ADU ÎNAINTEA LUI DUMNEZEU

Tată,

Îți mulțumesc pentru jertfa Fiului Tău și pentru că mi-ai revelat dragostea Ta. Te rog să mă ierți că nu am crezut în Tine sau nu Ți-am încredințat viața mea. Abia acum încep să văd cine ești Tu în mine și cine sunt eu în Tine. Îți mulțumesc pentru promisiunea tuturor binecuvântărilor spirituale în locurile cerești și pentru faptul că am fost ales de Tine înainte de întemeierea lumii. Știu că, în Tine, sunt sfânt și fără prihană în dragostea Ta și că sunt fiu/fiică, moștenitor comun cu Isus și acceptat în Preaiubitul Tău. Sunt răscumpărat cu sânge, iertat de păcate, potrivit bogăției harului Tău, şi pecetluit cu Duhul Sfânt Cel făgăduit. Doamne, ajută-mă să-mi urmez adevărata identitate, în timp ce Tu continui să-mi descoperi destinul. Fie ca eu să fiu un ambasador al dragostei şi harului Tău care a fost revărsat cu atâta generozitate peste mine.

În Numele lui Isus. Amin!

Definirea scopului tău

Îți dai seama că în Cuvântul lui Dumnezeu există peste 3.000 de promisiuni ale Lui? Multe dintre ele se referă în mod specific la găsirea scopului și a identității tale date de Dumnezeu, astfel încât să poți experimenta o viață împlinită care să se alinieze cu credința ta și cu inima Lui.

> „Căci Eu știu gândurile pe care le am cu privire la voi, zice Domnul, gânduri de pace, și nu de nenorocire, ca să vă dau un viitor și o nădejde."
>
> Ieremia 29:11

> „De altă parte, știm că toate lucrurile lucrează împreună spre binele celor ce iubesc pe Dumnezeu, și anume spre binele celor ce sunt chemați după planul Său. Căci pe aceia pe care i-a cunoscut mai dinainte, i-a și hotărât mai dinainte să fie asemenea chipului Fiului Său, pentru ca El să fie Cel întâi născut dintre mai mulți frați."
>
> Romani 8:28-29

> „Orice ni se dă bun și orice dar desăvârșit este de sus, coborându-se de la Tatăl luminilor, în care nu este nici schimbare, nici umbră de mutare."
>
> Iacov 1:17

Ai încredere măcar până la un anumit nivel că împlinești scopul lui Dumnezeu pentru viața ta? Trăim într-o lume haotică și tulburătoare și multora dintre noi le este greu să înțeleagă cum se împlinesc scopurile lui Dumnezeu în viața noastră. Ceea ce avem cu adevărat nevoie este un loc adânc de cunoaștere a faptului că suntem iubiți și aleși să fim copiii lui Dumnezeu - acesta este punctul nostru de plecare - să credem și să primim dragostea lui Dumnezeu. Importanța acestui lucru nu poate fi subestimată. Dumnezeu Își pune într-adevăr în aplicare planurile pe care le are pentru noi. N-ai vrea să înțelegi acest lucru? El ne vorbește niște lucruri foarte profunde despre scopul nostru:

„Ai încredere măcar până la un anumit nivel că împlinești scopul lui Dumnezeu pentru viața ta?"

Suntem moștenitori...

„Și voi n-ați primit un duh de robie, ca să mai aveți frică; ci ați primit un duh de înfiere care ne face să strigăm: 'Ava!, adică: Tată!' Însuși Duhul adeverește împreună cu duhul nostru că suntem copii ai lui Dumnezeu. Și, dacă suntem copii, suntem și moștenitori: moștenitori ai lui Dumnezeu și împreună moștenitori cu Hristos, dacă suferim cu adevărat împreună cu El, ca să fim și proslăviți împreună cu El."

Romani 8:15-17

„Ascultați, preaiubiții mei frați: n-a ales Dumnezeu pe cei ce sunt săraci în ochii lumii acesteia, ca să-i facă bogați în credință și moștenitori ai Împărăției pe care a făgăduit-o celor ce-L iubesc?"

Iacov 2:5

Suntem împărați și preoți...

„A Lui, care ne iubește, care ne-a spălat de păcatele noastre cu sângele Său și a făcut din noi o împărăție și preoți pentru Dumnezeu, Tatăl Său: a Lui să fie slava și puterea în vecii vecilor! Amin."

Apocalipsa 1:5-6

„Și cântau o cântare nouă și ziceau: 'Vrednic ești Tu să iei cartea și să-i rupi pecețile: căci ai fost junghiat și ai răscumpărat pentru Dumnezeu, cu sângele Tău, oameni din orice seminție, de orice limbă, din orice norod și de orice neam. Ai făcut din ei o împărăție și preoți pentru Dumnezeul nostru, și ei vor împărăți pe pământ!'"

Apocalipsa 5:9-10

„Apropiați-vă de El, Piatra vie lepădată de oameni, dar aleasă și scumpă înaintea lui Dumnezeu. Și voi, ca niște pietre vii, sunteți zidiți ca să fiți o casă duhovnicească, o preoție sfântă și să aduceți jertfe duhovnicești, plăcute lui Dumnezeu, prin Isus Hristos."

1 Petru 2:4-5

„Voi însă sunteți o seminție aleasă, o preoție împărătească, un neam sfânt, un popor pe care Dumnezeu Și l-a câștigat ca să fie al Lui, ca să vestiți puterile minunate ale Celui ce v-a chemat din întuneric la lumina Sa minunată."

1 Petru 2:9

Suntem conducători

„Dumnezeu i-a binecuvântat și Dumnezeu le-a zis: 'Creșteți, înmulțiți-vă, umpleți pământul și supuneți-l; și stăpâniți peste peștii mării, peste păsările cerului și peste orice viețuitoare care se mișcă pe pământ.'"

Geneza 1:28

„Isus a chemat pe cei doisprezece ucenici ai Săi, le-a dat putere și stăpânire peste toți dracii și să vindece bolile.”

Luca 9:1

„Iată că v-am dat putere să călcați peste șerpi și peste scorpioni și peste toată puterea vrăjmașului: și nimic nu vă va putea vătăma.”

Luca 10:19

Suntem ambasadori...

„Căci, dacă este cineva în Hristos, este o făptură nouă. Cele vechi s-au dus: iată că toate lucrurile s-au făcut noi. Și toate lucrurile acestea sunt de la Dumnezeu, care ne-a împăcat cu El prin Isus Hristos și ne-a încredințat slujba împăcării; că adică, Dumnezeu era în Hristos, împăcând lumea cu Sine, neținându-le în socoteală păcatele lor, și ne-a încredințat nouă propovăduirea acestei împăcări. Noi, dar, suntem trimiși împuterniciți ai lui Hristos; și, ca și cum Dumnezeu ar îndemna prin noi, vă rugăm fierbinte, în Numele lui Hristos: împăcați-vă cu Dumnezeu! Pe Cel ce n-a cunoscut niciun păcat, El L-a făcut păcat pentru noi, ca noi să fim neprihănirea lui Dumnezeu în El.”

2 Corinteni 5:17-21

În calitate de credincioși, avem o responsabilitate mare și serioasă de a-L reprezenta pe Dumnezeu pe pământ. Ni s-au dat aceste „titluri” care vin cu așteptări grele ca noi să îndeplinim mandatul Tatălui de a fi oameni care schimbă lumea și de a da slavă Numelui Său, și chiar să ne dăm viața.

„Noi avem o responsabilitate serioasă de a-L reprezenta pe Dumnezeu pe pământ.”

Majoritatea dintre noi nu ne-am simți vrednici să fim numiți fiul sau fiica Lui, moştenitori împreună cu Hristos şi să ni se dea acces la tot Cerul. Dar cum ar fi să fim puşi în poziţia de rege sau de preot, sub domnia lui Hristos, cu însărcinarea de a-l deposeda pe vrăjmaş, de a duce război şi de a stăpâni peste pământ? Măcar ştim cum să conducem şi să stăpânim? Puţini dintre noi s-au născut să facă parte în mod natural din medii regale şi nu ar înţelege toate responsabilităţile acestei poziţii. Cum rămâne cu funcţia şi îndatoririle unui preot? Ai şti cum să organizezi ceremonii elaborate, să aduci jertfe (ca în Vechiul Testament) şi să îndeplineşti ritualurile şi rânduielile sfinte ale acestei funcţii, reprezentând totodată poporul înaintea lui Dumnezeu?

Poate că denumirea de ambasador ţi-ar fi mai confortabilă? Chiar şi responsabilităţile acestei poziţii de rang înalt, reprezentând politicile şi interesele ţării sale de origine (Împărăţia lui Dumnezeu), trăind într-o ţară străină, negociind tratate cu lideri străini şi cu alte naţiuni, ni s-ar părea probabil o sarcină imposibilă multora dintre noi.

Şi totuşi, asta suntem chemaţi să facem. Asta suntem chemaţi să fim. Fie că este vorba de a fi împăraţi, preoţi, conducători, ambasadori sau moştenitori. Suntem copii ai Celui Preaînalt şi am primit stăpânire, autoritate şi responsabilitate pe acest pământ pentru a conduce şi a stăpâni sub domnia lui Isus Hristos, pentru a stabili Cerul pe Pământ.

Jertfa noastră

Isus ne-a spus că cel care vrea să fie cel mai mare în Împărăţia lui Dumnezeu trebuie să fie slujitorul tuturor. Şi a spus că El nu a venit să fie slujit, ci să slujească (Matei 20:28). Pentru credincios, slujirea este cel dintâi şi cel mai important loc de *jertfă*. Slujitorii lui Hristos consideră că viaţa lor pe pământ este o perioadă scurtă de pregătire pentru veșnicie. Greutățile și luptele pe care trebuie să le înfruntăm cât timp suntem în trup și sacrificiile pe care trebuie să le facem, vor fi cu mult depășite de gloria și răsplata care ne așteaptă (2 Corinteni 4:17). La fel cum un slujitor care își iubește stăpânul trăiește pentru a primi aprobarea lui, tot așa și slujitorii lui Hristos trăiesc pentru momentul în care El le va spune: „Bine, rob bun și credincios... Intră în bucuria stăpânului tău!" (Matei 25:21, 23)

„Pentru credincios, slujirea este cel dintâi și cel mai important loc de jertfă."

Când mă gândesc la viața mea, îmi dau seama că părinții mei au făcut multe sacrificii din dragoste pentru familia noastră. Mi-aș fi dorit să fi apreciat mai mult acest lucru la vremea respectivă. Ei proveneau dintr-o generație care era foarte familiarizată cu ideea de sacrificiu. Generația lor a luptat în cel de-al Doilea Război Mondial și în Războiul din Coreea, iar mulți dintre contemporanii lor au făcut sacrificiul suprem de a-și da viața pentru semenii lor și pentru țara lor. Întreaga idee de a face sacrificii, mari sau mici, pare mai străină generației actuale. Dar care sunt sacrificiile (sau jertfele, n.tr.) spirituale acceptabile pentru Dumnezeu pe care Duhul Sfânt le lucrează în noi prin Isus? Și fac eu (și biserica) aceste sacrificii?

Marea majoritate a referințelor biblice la „jertfe" se află în Vechiul Testament. Cu toate acestea, în Noul Testament, aproape toate referințele se referă la jertfa lui Isus - moartea Sa pe cruce - singura jertfă desăvârșită și completă prin care sunt împlinite toate profețiile Vechiului Testament. Cât de recunoscători ar trebui să fim că nu mai trebuie să aducem nicio jertfă pentru păcatele noastre. După ce am trecut la Noul Legământ, Noul Testament ne spune că există patru jertfe spirituale pe care le putem aduce și care Îi sunt plăcute lui Dumnezeu. În termeni simpli, acestea sunt: *buzele* (lauda, mulțumirea și închinarea), *viața* (timpul, sentimentele, cuvintele, ambițiile), *„prada"* (bunurile, hrana, banii noștri) și *dragostea* (inima noastră, grija, iertarea, smerenia).

> „Prin El, să aducem totdeauna lui Dumnezeu o jertfă de laudă, adică, rodul buzelor care mărturisesc Numele Lui."
>
> Evrei 13:15

> „Vă îndemn, dar, fraților, pentru îndurarea lui Dumnezeu, să aduceți trupurile voastre ca o jertfă vie, sfântă, plăcută lui Dumnezeu: aceasta va fi din partea voastră o slujbă duhovnicească. Să nu vă potriviți chipului veacului acestuia, ci să vă prefaceți, prin înnoirea minții voastre, ca să puteți deosebi bine voia lui Dumnezeu: cea bună, plăcută și desăvârșită."
>
> Romani 12:1-2

> „Deci păcatul să nu mai domnească în trupul vostru muritor și să nu mai ascultați de poftele lui. Să nu mai dați în stăpânirea păcatului mădularele voastre, ca niște unelte ale nelegiuirii; ci dați-vă pe voi înșivă lui Dumnezeu, ca vii, din morți cum erați; și dați lui Dumnezeu mădularele voastre, ca pe niște unelte ale neprihănirii."
>
> Romani 6:12-13

> „Și chiar dacă va trebui să fiu turnat ca o jertfă de băutură peste jertfa și slujba credinței voastre, eu mă bucur, și mă bucur cu voi toți."
>
> Filipeni 2:17

> „Am de toate și sunt în belșug. Sunt bogat de când am primit prin Epafrodit ce mi-ați trimis... un miros de bună mireasmă, o jertfă bine primită și plăcută lui Dumnezeu."
>
> Filipeni 4:18

> „Intrați cu laude pe porțile Lui, intrați cu cântări în curțile Lui! Lăudați-L și binecuvântați-I Numele. Căci Domnul este bun; bunătatea Lui ține în veci, și credincioșia Lui, din neam în neam.”
>
> Psalmul 100:4-5

După cum poți vedea din aceste referințe scripturale, este clar că prima poruncă a devotamentului nostru de copii ai lui Dumnezeu, este să Îl slujim și să Îl iubim din toată inima. În Noul Testament, El ne numește o „Preoție împărătească” și ne poruncește să-I aducem jertfe de laudă și de mulțumire. Uneori, să-I aduci laude este un sacrificiu foarte real, mai ales atunci când lucrurile nu merg bine. Dar acelea sunt momentele critice în care trebuie să-I aducem închinarea și mulțumirea

„Uneori, să-I dai Domnului laudă este un sacrificiu foarte real.”

noastră. Această jertfă în particular este cea care aduce cea mai profundă transformare în viețile și inimile noastre, deoarece, pe măsură ce intrăm în curțile Sale, în locuința Sa, în comuniune cu „Abba”, ne trezim captivați de dragostea Sa. Nimic, absolut nimic, nu se compară cu asta.

Natura unei jertfe este că este un sacrificiu! Dacă ar fi fost ușor, s-ar fi numit altfel. Să știi doar că toate jertfele tale, care ies dintr-o inimă care tânjește să-L iubească și să-L slujească, Îi sunt plăcute (acceptabile) lui Dumnezeu.

REZUMAT

Darul neprețuit care este pus la dispoziția întregii omeniri este acela că am primit Duhul înfierii prin care strigăm „Abba, Tată!” Prin Duhul, suntem copii ai lui Dumnezeu și moștenitori împreună cu Hristos. Pe lângă faptul că suntem copiii lui Dumnezeu, El ne-a făcut și împărați și preoți pentru a-L reprezenta pe El pe pământ și pentru a stăpâni peste forțele rele din această lume.

Suntem, totodată, ambasadori - diplomați ai Cerului desemnați - aleși să Îl reprezentăm pe Isus și Împărăția Sa în toate chestiunile care au de-a face cu pământul. Dumnezeu ne-a încredințat conducerea, stăpânirea și autoritatea de a-I îndeplini dorințele pe acest tărâm.

Este esențial să descoperim și să îndeplinim scopul lui Dumnezeu pentru viața noastră. Lumea în care trăim este foarte agitată și multora dintre noi le este greu să înțeleagă cum putem ajunge vreodată să ne aliniem scopurilor lui Dumnezeu. Cu toate acestea, știm că El are „gânduri de pace, și nu de nenorocire, ca să vă dau un viitor și o nădejde." (Ieremia 29:11)

Pe măsură ce ne dăm pe noi înșine și viețile noastre lui Dumnezeu, aducându-ne trupurile ca o jertfă vie, ne vom găsi scopul și destinul pentru care am fost creați. Suntem chemați să ne smerim și să îi slujim pe alții, așa cum a făcut Isus, dându-Și viața de dragul altora. Pe măsură ce ne dăruim lui Dumnezeu și altora, primim binecuvântările Împărăției lui Dumnezeu în viețile noastre.

Indiferent de sacrificiu, fie că este vorba de posesiuni spirituale sau materiale, de a-i da vrăjmașului tău un pahar cu apă rece, de a sluji într-o tabără de refugiați, de a spăla baia la biserică, de a renunța la planurile tale, de a ajuta pe cineva să se mute, de a te angaja să postești și să te rogi pentru un prieten sau de a lua decizia de a dărui financiar în ciuda propriei nevoi, Dumnezeu Tatăl îți vede inima și sacrificiul și te va întâlni în domeniile în care ai nevoie de mângâiere, nădejde, asigurare și bucurie că sacrificiile tale nu vor fi în zadar și îți vor aduce o mare răsplată.

Îți mulțumesc, Tată, că în Tine am primit un duh de înfiere în calitate de copil al Tău și sunt moștenitor împreună cu Isus. Îți mulțumesc că m-ai făcut împărat pentru a conduce și a stăpâni și pentru a extinde Împărăția Cerurilor pe pământ prin autoritatea Ta. Îți mulțumesc, Tată, că sunt un preot, însărcinat să Te slujesc și să reprezint poporul Tău înaintea Ta. Îți mulțumesc că Fiul Tău, Isus, a adus jertfa completă pentru păcat și că pot umbla în libertatea pentru care El a plătit la cruce. Îmi aduc trupul ca o jertfă vie pentru Tine, sfântă și plăcută, și aleg să fiu turnat ca jertfă de băutură pentru Tine. Primesc tot ceea ce Isus a cumpărat prin moartea și învierea Sa, astfel încât să fiu complet în Tine.

În Numele lui Isus. Amin!

Cum să înțelegi scopul pe care Dumnezeu ți l-a dat

Să începem prin a ne reaminti că Dumnezeul Bibliei este un Dumnezeu al scopurilor. Și nu doar al scopurilor generale, ci și al celor specifice. El este planificatorul strategic suprem și pe termen lung al universului. El nu face nimic în mod aleatoriu sau la voia întâmplării. Iar scopurile Sale se întind din eternitatea trecută până în eternitatea viitoare, cuprinzând nu numai destinul final al creației Sale, ci și viețile noastre personale.

Dumnezeu are un plan specific, unic și perfect pentru fiecare dintre noi. Dorința inimii Sale este să ne invite să descoperim acest plan pe măsură ce continuăm să umblăm îndeaproape cu El. În esență, dorința Sa este ca noi să primim revelația dragostei Sale impresionante și o înțelegere a identității noastre „în El". Dar avem, totodată și un scop corporativ - de a-I extinde Împărăția pe pământ.

> *„Dorința inimii lui Dumnezeu este să ne invite să descoperim planul Său pentru viața noastră."*

În Coloseni 1:15-16, Biblia ne spune că toate lucrurile au fost create pentru El: „El este chipul Dumnezeului celui nevăzut, Cel întâi născut din toată zidirea. Pentru că prin El au fost făcute toate lucrurile care sunt în ceruri și pe pământ, cele văzute și cele nevăzute: fie scaune de domnii, fie dregătorii, fie domnii, fie stăpâniri. Toate au fost făcute prin El și pentru El."

Fiecare se naște cu o dorință profundă de a ști că este iubit, de a ști cine este și care este scopul său pe pământ. Psalmul 57:2, spune: „Eu strig către Dumnezeu, către Cel Preaînalt, către Dumnezeu, care lucrează [*Își împlinește scopul*] pentru mine." Acest lucru este esențial pentru a înțelege scopul lui Dumnezeu pentru viața ta. El ți-a numărat zilele și va împlini fiecare scop pe care îl are pentru tine.

Rick Warren este un pastor și un autor cunoscut la nivel internațional care a scris cartea „Viața condusă de scopuri". În ea, Rick vorbește despre intențiile lui Dumnezeu de a ne folosi talentele pentru a face bine în lume și a-I extinde Împărăția. În termeni simpli, el explică cele cinci scopuri ale lui Dumnezeu pentru noi:

1. Am fost planificați pentru plăcerea lui Dumnezeu, așa că scopul tău este să-I aduci o închinare reală.

2. Am fost formați pentru familia lui Dumnezeu, așa că scopul tău este să te bucuri de o părtășie reală.

3. Am fost creați pentru a deveni asemenea lui Hristos, așa că scopul tău este să înveți adevărata ucenicie.

4. Am fost modelați pentru a-L sluji pe Dumnezeu, așa că scopul tău este să practici o slujire reală.

5. Am fost creați pentru misiune, așa că scopul tău este să trăiești o evanghelizare reală.

Deși poate că nu este evident în lumea evanghelică, adevărul este că Dumnezeu nu ne cheamă la o slujire individuală în numele Său. El ne-a chemat să lucrăm împreună, în unitate, ca Trup al lui Hristos, al cărui cap este El. Iar adevărata slujire este **dragostea**. 1 Corinteni 13:8 ne amintește că „dragostea nu va pieri niciodată", iar 1 Petru 4:8 ne spune că „dragostea acoperă o sumedenie de păcate."

Ce înseamnă mai exact 1 Corinteni 12:12, unde scrie că facem parte din Trupul Său? „Căci, după cum trupul este unul și are multe mădulare, și după cum toate mădularele trupului, măcar că sunt mai multe, sunt un singur trup, tot așa este și Hristos."

Apostolul Pavel nu încerca să ne dea o lecție de anatomie, ci se folosea de ceva foarte familiar pentru toată lumea, pentru a explica importanța funcționării eficiente a fiecărui creștin.

Deși suntem cu toții oameni individuali și avem medii diverse, experiențe diferite, daruri diferite, abilități și caracteristici unice, suntem cu toții UNA în Hristos. Da, suntem mădulare individuale și suntem dependenți unii de alții. Ca mădulare ale Trupului lui Hristos, trebuie să lucrăm împreună în dragostea lui Hristos și în pace unii cu alții. Hristos trebuie să Se manifeste față de această lume zdrobită și rănită prin Trupul lui Hristos, care este Biserica, pentru că noi suntem, în mod individual și colectiv, martorii Săi.

Suntem instruiți să ne înmulțim și să umplem pământul. Trebuie să mergem și să facem ucenici din toate națiunile. Aceasta este înmulțirea în Împărăție. Trebuie să avem un impact cu adevărul Cuvântului lui Dumnezeu asupra oame-

„Trebuie să aducem roade care să demonstreze că suntem moștenitorii făgăduinței."

nilor pe care îi întâlnim, conducându-i la mântuire, învățându-i principiile Cuvântului Său și demonstrându-le caracterul lui Dumnezeu. Și trebuie să avem stăpânire asupra pământului, așa cum ni s-a poruncit în Geneza 1:26-28. Acesta este de fapt primul nostru scop - *să fim roditori și să ne înmulțim*. Asta înseamnă să dăm roade, lucru care vine ca rezultat al faptului că am primit Duhul înfierii prin care strigăm: „Abba, Tată!" Trebuie să aducem roade care să demonstreze că suntem moștenitori ai făgăduinței, copii ai Celui Preaînalt și împărați și preoți. Suntem o generație aleasă, iar viețile noastre ar trebui să reflecte această poziție de regalitate cerească.

„Voi însă sunteţi o seminţie aleasă, o preoţie împărătească, un neam sfânt, un popor pe care Dumnezeu Şi l-a câştigat ca să fie al Lui, ca să vestiţi puterile minunate ale Celui ce v-a chemat din întuneric la lumina Sa minunată.”

1 Petru 2:9

„Nu voi M-aţi ales pe Mine; ci Eu v-am ales pe voi; şi v-am rânduit să mergeţi şi să aduceţi rod, şi roada voastră să rămână, pentru ca orice veţi cere de la Tatăl, în Numele Meu, să vă dea.”

Ioan 15:16

„Din care îşi trage numele orice familie, în ceruri şi pe pământ, şi-L rog ca, potrivit cu bogăţia slavei Sale, să vă facă să vă întăriţi în putere, prin Duhul Lui, în omul dinăuntru.”

Efeseni 3:15-16

Isus S-a apropiat de ei, a vorbit cu ei şi le-a zis: 'Toată puterea Mi-a fost dată în cer şi pe pământ. Duceţi-vă şi faceţi ucenici din toate neamurile, botezându-i în Numele Tatălui şi al Fiului şi al Sfântului Duh. Şi învăţaţi-i să păzească tot ce v-am poruncit. Şi iată că Eu sunt cu voi în toate zilele, până la sfârşitul veacului.' Amin.”

Matei 28:18-20

Bill Johnson, pastorul senior al Bisericii Bethel, explică astfel: „Nu contează ce faci, atâta timp cât umbli în dragoste, vindeci bolnavii, scoţi demonii şi cureţi leproşii de boală. Dacă vrei să fii învăţător - atunci învaţă, dar vindecă bolnavii, scoate demonii, curăţă leproşii de boală. Dacă vrei să te căsătoreşti, atunci căsătoreşte-te, dar vindecă bolnavii, scoate demonii, curăţă leproşii de boală.” Fă totul - spre slava lui Dumnezeu - împuternicit de Duhul Sfânt!

Urmând exemplul lui Isus

Într-o zi, în sinagoga din Nazaret, Isus a anunțat, ca semn al împlinirii profeției străvechi din Isaia 61: „Duhul Domnului este peste Mine, pentru că M-a uns să vestesc săracilor Evanghelia; M-a trimis să tămăduiesc pe cei cu inima zdrobită, să propovăduiesc robilor de război slobozirea, și orbilor căpătarea vederii; să dau drumul celor apăsați și să vestesc anul de îndurare al Domnului." (Luca 4:18-19)

Noi, oamenii, suntem în mod fatal uituci și cu defecte; dar Dumnezeu este veșnic credincios. Dragostea noastră este interesată de sine; dragostea lui Dumnezeu este dăruită. Dragostea neclintită a Domnului nu încetează niciodată. Dumnezeul din Biblie este un Dumnezeu care îi iubește pe oameni cu o iubire veșnică. Lucrarea lui Isus s-a concentrat atât pe nevoile fizice, cât și pe cele spirituale. Împlinirea unei nevoi fizice ducea adesea la împlinirea unei nevoi spirituale, chiar dacă aceste nevoi nu erau întotdeauna ale aceleiași persoane.

Înțelegem, din studiul acestui pasaj, că noi toți am fost împuterniciți de Isus să primim autoritatea de a elibera captivii în numele Lui (prin autoritatea și puterea Sa), în timp ce umblăm în supunere față de El. Trebuie să ne însușim autoritatea care ne-a fost dată în Hristos pentru a scoate demoni, a-i vindeca pe cei cu inima zdrobită, a le vesti captivilor eliberarea și a le reda orbilor vederea. Noi trebuie să-i eliberăm pe cei asupriți și să proclamăm anul de îndurare al Domnului. Acest lucru cuprinde eliberarea completă de orice tip de asuprire.

> „Apoi Isus a chemat pe cei doisprezece ucenici ai Săi și le-a dat putere să scoată afară duhurile necurate și să tămăduiască orice fel de boală și orice fel de neputință. Și pe drum, propovăduiți și ziceți: 'Împărăția cerurilor este

aproape!' Vindecați pe bolnavi, înviați pe morți, curățați pe leproși, scoateți afară dracii. Fără plată ați primit, fără plată să dați."

Matei 10:1, 7-8

„După aceea, Domnul a mai rânduit alți șaptezeci de ucenici și i-a trimis doi câte doi înaintea Lui, în toate cetățile și în toate locurile pe unde avea să treacă El. (...) 'să vindecați pe bolnavii care vor fi acolo și să le ziceți: Împărăția lui Dumnezeu s-a apropiat de voi.'"

Luca 10:1, 9

REZUMAT

Din Cuvântul lui Dumnezeu reiese clar că El are un plan specific și desăvârșit pentru viața ta. Poate că nu l-ai descoperit încă, dar îl vei descoperi pe măsură ce vei continua să umbli îndeaproape cu El. Dar ai și un scop colectiv, alături de toți copiii lui Dumnezeu. Acesta este acela de a-I extinde Împărăția pe pământ!

Există mai multe fațete ale scopului lui Dumnezeu pentru noi; cu toate acestea, ca moștenitori ai făgăduinței, împărați, preoți și ambasadori, trebuie să aducem roade care să demonstreze că suntem copiii Celui Preaînalt. Suntem îndemnați să facem miracole, semne și minuni, iar acest lucru face parte din lucrarea de extindere a Împărăției. De ce?

Pentru că minunile restabilesc domnia și stăpânirea lui Dumnezeu, dreptatea, pacea și bucuria în Duhul Sfânt! În Romani, îl vedem pe Pavel concluzionând că Evanghelia nu se împlinește doar prin vorbire, ci mai degrabă trebuie să-I lăsăm spațiu lui Dumnezeu să Se manifeste și să-Și arate prezența.

Trebuie să avem un impact cu adevărul Cuvântului lui Dumnezeu asupra oamenilor pe care îi întâlnim, conducându-i în mântuire,

„Miracolele, semnele şi minunile fac parte din lucrarea de extindere a Împărăţiei.”

învăţându-i principiile Împărăţiei şi demonstrându-le caracterul lui Dumnezeu.

Isus ne împuterniceşte pe toţi să primim autoritatea de a elibera captivii în Numele Său (prin autoritatea şi puterea Sa), pe măsură ce umblăm în supunere faţă de autoritatea Sa.

Mai presus de toate, o arătare a dragostei, bunătăţii şi harului Său va atrage inimile oamenilor prin puterea Duhului Sfânt. Pe măsură ce umblăm în plinătatea dragostei Sale, a identităţii noastre şi a scopului Său pentru vieţile noastre, vom arăta lumii rănite din jurul nostru acelaşi dar şi aceeaşi libertate.

♥ PUNE LA INIMĂ

Paşii spre descoperirea dragostei, identităţii şi scopului nu trebuie să fie un proces lung. Da, s-ar putea să dureze o viaţă întreagă până să ajungi să experimentezi pe deplin tot ce are Dumnezeu în inimă pentru tine. Cu toate acestea, poţi începe astăzi călătoria spre o viaţă bogată şi plină de răsplătiri, trăită cu claritate şi semnificaţie, primind dragostea extravagantă a lui Dumnezeu şi permiţându-I să te aducă în comuniune şi să-ţi arate lucrurile dintr-o perspectivă corectă - a Sa. Rezervă-ţi puţin timp pentru a te ruga şi pentru a ţine un jurnal în timp ce vorbeşti cu Dumnezeu, Tatăl tău, despre planurile Sale uimitoare pentru viaţa ta.

ADU ÎNAINTEA LUI DUMNEZEU

Abba, Tată,

Îţi mulţumesc că am fost ales de Tine înainte de întemeierea pământului pentru scopuri care depăşesc chiar şi înţelegerea mea. M-ai chemat să merg şi să aduc multă roadă în timp ce rămân în Tine. Îţi mulţumesc că sunt întărit de Duhul Sfânt în omul lăuntric, astfel încât să pot avea un impact asupra oamenilor, aducându-i la Tine, învăţându-i principiile Împărăţiei Tale şi demonstrându-le caracterul Tău. Îţi cer să mă conduci prin Duhul Tău cel Sfânt să împlinesc marea trimitere şi scopul Tău pentru viaţa mea. Ştiu că Tu deja mi-ai pus în cale oameni care Îţi vor primi dragostea, vor fi eliberaţi şi vor umbla în victorie. Mă rog să fii glorificat în tot ceea ce spun şi fac.

În Numele lui Isus. Amin!

„Dacă aduceți multă roadă,

prin aceasta Tatăl Meu va fi proslăvit

și voi veți fi astfel ucenicii Mei." Ioan 15:8

DESPRE AUTOR

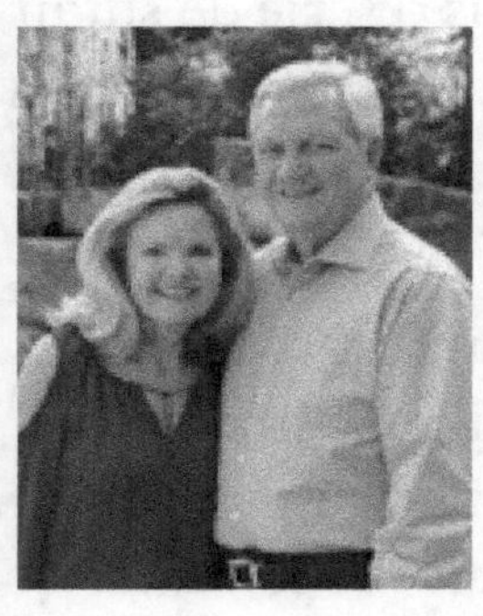

Terry Moore a absolvit SMU cu o diplomă în administrarea afacerilor. După absolvire, Terry s-a căsătorit cu iubita sa din copilărie, Susan Stroube Moore, care a absolvit, de asemenea, promoția 1973 a SMU. La scurt timp după aceea, Terry și-a început cariera în domeniul imobiliar comercial și ulterior s-a diversificat în industria petrolului și a gazelor naturale ca investitor și producător independent.

Terry și Susan au devenit proprietari de afaceri de succes, fiind activi și în biserica și comunitatea lor. În 1982, cuplul a participat la o conferință creștină unde L-au întâlnit pe Domnul într-un mod care le-a schimbat viața. Soții Moore au început apoi un studiu biblic săptămânal în casa lor, care a continuat timp de patru ani și a influențat mulți oameni care i-au încurajat să ia în considerare înființarea unei biserici. În ianuarie 1987, Terry și Susan, împreună cu alte câteva cupluri care participau la studiul biblic, au fondat Biserica Sojourn. Aceasta a fost o schimbare majoră pentru Terry, care nu a luat niciodată în considerare slujirea ca pe o opțiune de carieră. Sub conducerea sa, biserica a continuat să crească, ceea ce a dus la relocarea în 1997 în sediul actual din Carrollton, Texas. Pe măsură ce numărul membrilor a crescut, alăturându-li-se familii din întreaga zonă Metroplex, soții Moore au avut un rol esențial în ridicarea de lideri și în plantarea de noi biserici în regiune.

Timp de aproape 30 de ani, Biserica Sojourn a avut un rol esențial în coordonarea și găzduirea de conferințe pentru mii de participanți la nivel local și global. În plus, Terry și Susan colaborează cu mai multe lucrări locale din oraș, care îi hrănesc pe cei săraci, oferă programe de recuperare și de after school și educație pentru adulți cu scopul reintegrării lor în societatea normală.

Terry își petrece o mare parte din timp pregătind mesaje, întâlnindu-se cu liderii și încurajându-i pe alții. El a scris o serie de studii biblice menite să îi echipeze pe creștini pentru a trăi victorioși. Terry face parte din consiliul de administrație al câtorva lucrări locale, precum și al mai multor organizații internaționale.

Terry și Susan au călătorit foarte mult în întreaga lume. Ei continuă să fie implicați în mai multe misiuni de peste hotare, unde îi echipează pe pastori și pe liderii bisericilor cu puterea lui Isus Hristos care schimbă vieți. Terry este pastorul fondator și unul dintre prezbiterii Bisericii Sojourn. El și Susan sunt căsătoriți de 47 de ani și au un fiu căsătorit, care are doi copii adolescenți, precum și o fiică căsătorită, care are trei fiice tinere.

Susan și Terry Moore

CĂRȚI DE TERRY MOORE

publicate în România

CUM SĂ-L AUZI PE DUMNEZEU

Există câteva modalități de a-ți îmbunătăți și spori abilitatea de a auzi cuvintele lui Dumnezeu dătătoare de viață pe care ți le spune Dumnezeu. În cartea sa, Terry Moore va vorbi despre cinci principii-cheie prin care să-ți ascuți și să-ți îmbogățești practica de a-L auzi pe Dumnezeu.

DRAGOSTE, IDENTITATE ȘI SCOP

De-a lungul secolelor, omul s-a luptat întotdeauna cu întrebarea referitoare la „sensul vieții". În vederea acestui aspect, el poate avea întrebări cu privire la esența vieții, la scopul vieții, dacă ceva contează și în ce fel o face sau despre o sumedenie de alte lucruri. Cu toate acestea, în esență se întreabă: *Cine sunt? De ce exist? Sunt vrednic să fiu iubit?*

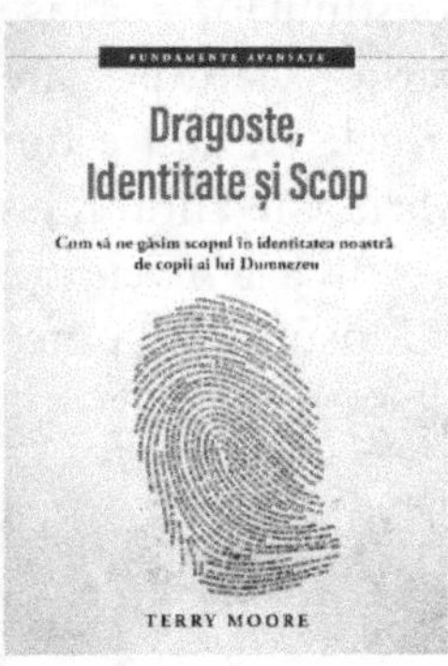

CRUCEA ESTE CHEIA

Dumnezeu poate oferi biruință în înfrângere, speranță în descurajare, vindecare inimilor zdrobite sau trupurilor bolnave, restaurare acolo unde s-a pierdut și tărie în slăbiciune. Toate acestea, precum și altele, sunt posibile prin crucea care este cheia unei vieți victorioase și din belșug.

Contact: www.alfaomega.tv | 0256-284.913 | comenzi@alfaomega.tv

LIBER CU-ADEVĂRAT

În întreaga lume, oamenii caută o viață cu scop, dragoste și speranța libertății de a fi ceea ce au fost creați să fie. Călătoria spre plenitudine și vindecare ți se poate părea prea dificilă - răni, dureri din trecut, tipare familiale și generații de disfuncționalități, îndoială de sine chinuitoare și vorbire negativă despre propria persoană, necredință, relații frânte și neiertare. De unde să începi?

ELIBERAREA CAPTIVILOR

Familiile noastre, prietenii și vecinii noștri strigă după pace și după a fi conduși în scopul și destinul lor – să lase în urmă bagajul și greutatea provocărilor vieții pe care le-au purtat. Există un răspuns și o cale de ieșire din robie, întuneric și temniță. Prin adevărul Cuvântului lui Dumnezeu cuprins în aceste pagini, vei urca la nivele noi de libertate și marele bonus este că TU însuți îi vei putea aduce pe alții cu tine pe măsură ce eliberezi captivii.

ECHIPARE DE BAZĂ

În cartea „Echipare de bază", Terry Moore îi trece pe cititori printr-o „tabără de instrucție" plină de provocări și discipline spirituale. La absolvire, te vei găsi ieșind ca un războinic priceput și un slujitor smerit, gata să ajute la a-L face cunoscut pe Isus acestei lumi rănite.

Contact: www.alfaomega.tv | 0256-284.913 | comenzi@alfaomega.tv

ALFAOMEGA.TV

LUMINĂ ÎN ÎNTUNERIC!
„Lucrul acesta nu se va face nici prin putere, nici prin tărie,
ci prin Duhul Meu, zice Domnul oștirilor!" (Zaharia 4:6)

TELEVIZIUNE | MEDIA DIGITALĂ
EDITURĂ | DISTRIBUȚIE | SLUJIRE
MISIUNE PRIN MEDIA

PENTRU DONAȚII ACCESEAZĂ
www.alfaomega.tv/donatii | info@alfaomega.tv | +(40) 256 284 913